신주사기 7

고조본기

이 책은 롯데장학재단의 지원을 받아 번역, 출간되었습니다.

신주사기 7/ 고조본기

초판 1쇄 인쇄 2020년 3월 1일
초판 1쇄 발행 2020년 3월 16일

지은이 (본문) 사마천
          (삼가주석) 배인·사마정·장수절
번역 및 신주 한가람역사문화연구소 사기연구실

펴낸이 이덕일
펴낸곳 한가람역사문화연구소

등록번호 제2019-000147호
주소 서울특별시 마포구 마포대로라길 8 2층
전화 02) 711-1379
팩스 02) 704-1390
이메일 hgr4012@naver.com

ISBN 979-11-969482-7-6   93910

이 도서의 국립중앙도서관 출판시도서목록(CIP)은
서지정보유통지원시스템 홈페이지(http://seoji.nl.go.kr)와
국가자료공동목록시스템(http://www.nl.go.kr/kolisnet)에서 이용하실 수 있습니다.
(CIP제어번호: CIP2020005179)

세계 최초
**삼가주석
완역!**

신주
사기

⑦

고조본기

지은이
본문_ 사마천
삼가주석_ 배인·사마정·장수절
번역 및 신주
한가람역사문화연구소 사기연구실

한가람역사문화연구소

차
례

고조본기 高祖本紀第八

사기 제8권 史記卷八

제1장 **적기赤旗를 들고 일어난 고조 유방**

여색을 좋아하고 외상술을 먹는 사람 … 11

죄수 호송 중에 군사를 일으키다 … 44

먼저 관중을 평정한 자가 왕이 되다 … 71

장량의 계책 태공병법太公兵法을 쓰다 … 104

제2장 **항우와 패권을 다투다**

패공이 먼저 함양에 들어가다 … 145

항우가 의제를 살해하다 … 192

新註史記

신주사기1	사기 1권	오제본기	편
신주사기2	사기 2권	하본기	편
신주사기3	사기 3권	은본기	편
	사기 4권	주본기	편
신주사기4	사기 5권	진본기	편
신주사기5	사기 6권	진시황본기	편
신주사기6	사기 7권	항우본기	편
			◀
신주사기8	사기 9권	여태후본기	편
	사기 10권	효문본기	편
신주사기9	사기 11권	효경본기	편
	사기 12권	효무본기	편

제3장 한왕이 다시 승세를 잡다

항우가 곤경에 처하다 … 211

한신을 회유하려 하다 … 225

유방이 천하를 평정하다 … 239

제4장 유씨 천하를 만들다

자식과 동생들을 제후로 봉하다 … 255

흉노에게 대패하다 … 268

고조가 죽고 여후가 정권을 장악하다 … 287

사기 제 8 권 史記卷八

고조본기 高祖本紀

제1장

적기赤旗를 들고 일어난 고조 유방

여색을 좋아하고
외상술을 먹는 사람

고조高祖는[1] 패현沛縣 풍읍豊邑 중양리中陽里 사람이다. 성姓은 유씨劉氏이고[2] 자字는 계季이다.[3] 그의 아버지는 태공太公이고[4] 어머니는 유온劉媼이다.[5] 그 전에 유온이 일찍이 대택大澤 언덕에서 쉬는데 꿈에 신을 만났다. 이때 하늘에서 우레와 번개가 치더니 그믐밤처럼 어두워졌다. 태공이 가서 보니 교룡이[6] 유온의 몸 위에 있는 것을 보았다. 얼마 후 유온이 임신을 하고 드디어 고조를 낳았다.

高祖[1] 沛豊邑中陽里人 姓劉氏[2] 字季[3] 父曰太公[4] 母曰劉媼[5] 其先劉媼嘗息大澤之陂 夢與神遇 是時雷電晦冥 太公往視 則見蛟龍[6]於其上 已而有身 遂産高祖

① 高祖고조

《한서음의漢書音義》에 "휘諱는 방邦이다."라고 했다. 장안張晏은 "시호법諡號法의 례禮에 '고高' 자가 없다. 공功이 가장 높고 한漢나라 황제들의 시조이므로 특별히 고高라는 이름을 사용한 것이다."라고 했다.

【集解】 漢書音義曰 諱邦 張晏曰 禮諡法無高 以爲功最高而爲漢帝之太祖 故特起名焉

② 沛豊邑中陽里人姓劉氏패풍읍중양리인성유씨

집해 이비李斐는 "패沛는 소패小沛이다. 유씨劉氏는 대량大梁으로 천도하는 위魏나라를 따라 풍豊 땅으로 이사해서 중양리中陽里에서 살았다."고 했다. 맹강孟康은 "뒤에 패沛는 군郡이 되고 풍豊은 현縣이 되었다."고 했다.

【集解】 李斐曰 沛 小沛也 劉氏隨魏徙大梁 移在豊 居中陽里 孟康曰 後沛爲郡 豊爲縣

색은 상고해보니 고조高祖는 유루劉累의 후손으로 따로 범范 땅을 식읍으로 받은 사회士會의 후예인데 진秦나라에 머물러서 돌아가지 않고 유씨劉氏로 고쳤다. 유씨는 대량大梁으로 천도한 위魏를 따라 이사해서 뒤에 풍豊에 살았는데 지금의 '유씨劉氏 성姓'이라고 말하는 사람들이 이들이다.

《좌전》에는 "천자天子가 덕德을 세우고 태어난 곳에 따라서 성을 하사하고 땅을 주고 씨氏로 명했다. 제후는 자字를 시호諡號로 삼고 이를 따라서 족族(겨레)으로 삼았다.”고 했다. 설명하는 자는 “천자가 성姓을 내려주고 씨氏를 명하고, 제후는 족族을 명하는데, 족族이란 씨의 별명을 말한다.”고 했다. 그렇다면 태어나는 곳에 따라서 성을 하사하는 것은 마치 순舜임금이 요허姚墟에서 태어나서 요성姚姓으로 삼고 우虞에 봉해서 곧 유우씨有虞氏라고 호칭한 것이 이런 것이다.

만약 그 뒤의 자손이 성을 하사받지 못하면 곧 우虞를 성姓으로 삼아서 ‘성姓이 우씨虞氏가 되는 것’을 이른다. 지금 여기에서 ‘성이 유씨[姓劉氏]’라고 이른 것도 또한 이런 뜻이다. 그래서 성姓이란 백대百代를 계승하고 이어진 혈통으로서 갈라지지 않는 것이다. 씨氏는 자손들이 갈라져서 나오는 것이다.

또 《계본》편에 “성姓을 말하면 위에 두고 씨氏를 말하면 아래에 둔다. 그래서 〈오제본기五帝本紀〉에 ‘우禹의 성은 사씨姒氏이고 설契의 성은 자씨子氏이고 기棄의 성은 희씨姬氏’라고 한 것이 이런 것이다.”라고 했다. 상고해보니 한漢나라에서 사수泗水를 고쳐서 패군沛郡으로 삼고 상성相城을 다스렸다. 그래서 주에서 패沛를 소패小沛라고 한 것이다.

【索隱】 按 高祖 劉累之後 別食邑於范 士會之裔 留秦不反 更爲劉氏 劉氏 隨魏徙大梁 後居豐 今言姓劉氏者是 左傳 天子建德 因生以賜姓 胙之土 命之氏 諸侯以字爲謚 因以爲族 說者以爲天子賜姓命氏 諸侯命族 族者氏之 別名也 然則因生賜姓 若舜生姚墟 以爲姚姓 封之於虞 卽號有虞氏是也 若 其後子孫更不得賜姓 卽遂以虞爲姓 云 姓虞氏 今此云 姓劉氏 亦其義也 故 姓者 所以統繫百代 使不別也 氏者 所以別子孫之所出 又系本篇言姓則在 上 言氏則在下 故五帝本紀云 禹姓姒氏 契姓子氏 弃姓姬氏是也 按 漢改泗 水爲沛郡 治相城 故注以沛爲小沛也

③ 字季자계

상고해보니 《한서》에 "이름은 방邦이고 자字는 계季이다."라고
했다. 이것은 홑 글자의 자字를 이른 것이니 또한 의심스럽다. 상고해보
니 한고조漢高祖의 큰 형은 이름이 백伯이고 그 다음 형의 이름은 중仲
인데 별명이 보이지 않으니 곧 계季 역시 이름이다. 그래서 항대項岱(유
방의 친구)가 이르기를 "고조의 어릴 때 자는 계季였다가 즉위해서 이름
을 방邦으로 바꾸었는데, 그 후 이를 따라서 방邦은 휘諱(임금의 이름을
꺼려서 쓰지 않는 것)하고 계季는 휘하지 않았는데, 계포季布는 오히려 성姓
을 일컫는 것이다."라고 했다.

【索隱】 按 漢書 名邦 字季 此單云字 亦又可疑 按 漢高祖長兄名伯 次名仲
不見別名 則季亦是名也 故項岱云 高祖小字季 即位易名邦 後因諱邦不諱
季 所以季布猶稱姓也

계포季布는 초나라 사람으로 항우가 봉기하자 종리말鍾離眛과
함께 막바지까지 항우를 도왔다. 〈계포난포열전〉에 "황금 100근을 얻
는 것은 계포일낙季布一諾을 얻는 것만 못하다."는 성어成語가 있다. '계
포일낙'이란 한 번 약속하면 반드시 지킨다는 뜻이다.

④ 太公태공

황보밀皇甫謐은 "이름은 집가執嘉이다."라고 했다. 왕부王符는
"태상황太上皇의 이름은 단煓이다."라고 했다. 煓은 '湍'과 발음이 같다.

 정의 〈춘추악성도春秋握成圖〉에는 "유온劉媼이 꿈에 용 같이 생긴 붉은 새가 자신을 희롱해서 집가執嘉를 낳았다."고 했다.

【正義】 春秋握成圖云 劉媼夢赤鳥如龍 戲己 生執嘉

⑤ 劉媼유온

 집해 문영文穎은 "유주幽州와 한중漢中에서는 모두 늙은 할머니를 온媼이라 한다."고 했다. 맹강孟康은 "장로長老의 존칭이다. 좌사左師가 태후太后에게 일러 '온媼이 연후燕后를 아끼고 장안군長安君을 어질다.' 고 했다."라고 했다. 《예악지禮樂志》에 "지신地神을 온媼이라 한다."고 했다. 온媼은 어머니의 별명이다. 발음은 '오[烏老反]'이다."라고 했다.

【集解】 文穎曰 幽州及漢中皆謂老嫗爲媼 孟康曰 長老尊稱也 左師謂太后 曰 媼愛燕后賢長安君 禮樂志 地神曰媼 媼 母別名也 音烏老反

 신주 媼의 우리 발음은 '온'이고 중국 발음은 '오[ǎo]'다.

 색은 위소韋昭는 "온媼은 부인 중 장로長老의 칭호이다."라고 했다. 황보밀皇甫謐은 "온媼은 아마도 성씨가 왕씨王氏일 것이다."라고 했다. 또 〈춘추악성도春秋握成圖〉에 의하면 집가執嘉의 아내는 함시含始인데 낙지洛池에서 놀다가 유계劉季를 낳았다. 〈시함신무詩含神霧〉도 마찬가지로 말하고 있다. 성姓이나 자字는 모두 정사正史에서 나온 것이 아니어서 대개 취할 만한 것이 없다. 지금 근래의 사람이 있어서 "어머니는 온씨溫氏이다."라고 말했다. 사마정司馬貞 때에 반고班固가 기록한 사수泗水 정장亭長의 옛 비석문을 얻었는데 그 글자에는 분명히 '온溫'자로 되어 있었고, '모온씨母溫氏'라고 이르고 있었다. 사마정과 가응복賈膺復, 서언백徐彦伯, 위봉고魏奉古 등이 이를 반복하면서 "고인들이 듣지 못했다는데 애오라지 다른 견해를 기록했으니 어찌 그 진실을 취할 수 있겠는가?"라고 깊이 탄식했다. 맹강孟康의 주석에는 "지신地神을 온媼이라 한다."고 하고, 《예악지》에는 "후토后土(토지신)가 부유한 것이 온[后土富媼]이다."라고 했다. 장안張晏은 "곤坤(땅)이 어머니가 되므로 온媼이라고 칭했다."라고 한 것이 이것이다.

【索隱】 韋昭云 媼 婦人長老之稱 皇甫謐云 媼蓋姓王氏 又據春秋握成圖 以爲執嘉妻含始 遊洛池 生劉季 詩含神霧亦云 姓字皆非正史所出 蓋無可取 今近有人云 母溫氏 貞時打得班固泗水亭長古石碑文 其字分明作 溫字云 母溫氏 貞與賈膺復 徐彦伯 魏奉古等執對反覆 沈歎古人未聞 聊記異見 於何取實也 孟康注 地神曰媼 者 禮樂志云 后土富媼 張晏曰 坤爲母 故稱媼 是也

정의 《제왕세기》에는 "한漢의 소령후昭靈后 함시含始가 낙지洛池에서 노는데 진귀한 닭이 붉은 구슬을 물고 밝은 날에 나오자 후后가 삼키고 고조를 낳았다."고 했다. 《시함신무》에도 이렇게 이르고 있다. 함시含始는 곧 소령후昭靈侯이다. 《진류풍속전陳留風俗傳》에는 "패공沛公이 군사를 일으켜 들판에서 싸웠는데 황비皇妣를 황향黃鄕에서 잃었다. 천하天下를 평정한 후 사자使者를 시켜 재궁梓宮(시신을 모신 관)으로 유혼幽魂을 불렀는데 붉은 뱀이 물에 있다가 스스로 씻더니 뛰어 올라 재궁으로 들어갔다. 그가 목욕한 곳에 머리털이 남아 있어서 시호를 소령부인昭靈夫人이라고 한다."고 했다. 《한의주漢儀注》에는 "고제高帝의 어머니는 그가 군사를 일으킬 때 소황성小黃城에서 죽었는데, 뒤에 소황小黃에 능묘陵廟를 세웠다."고 했다. 《괄지지括地志》에는 "소황小黃 고성은 변주汴州 진류현陳留縣 동북쪽 33리에 있다."고 했다. 안사고顏師古는 "황보밀 등이 망령되게 도참서의 기록을 인용하고 기이한 것을 널리 펼치기를 좋아해서 억지로 고조高祖 부모의 이름자를 만들었지만 모두 정사正史에 근거해 말한 것이 아니니 대개 취할 것이 없다. 어찌 유온劉媼의 본래 성姓이 실제로 존재했다면 사마천이 기꺼이 자세하게 싣지 않았겠는가? 이치상으로 말해도 확실하게 알 수 있다."고 했다.

【正義】 帝王世紀云 漢昭靈后含始游洛池 有寶雞銜赤珠出炫日 后吞之 生高祖 詩含神霧亦云 含始卽昭靈后也 陳留風俗傳云 沛公起兵野戰 喪皇妣於黃鄉 天下平定 使使者以梓宮招幽魂 於是丹蛇在水自灑 躍入梓宮 其浴處有遺髮 謚曰昭靈夫人 漢儀注云 高帝母起兵時死小黃城 後於小黃立陵廟 括地志云 小黃故城在汴州陳留縣東北三十三里 顏師古云 皇甫謐等妄引讖記 好奇騁博 強爲高祖父母名字 皆非正史所說 蓋無取焉 寧有劉媼本姓實存 史遷肯不詳載 卽理而言 斷可知矣

신주 한고조 유방의 아버지 '태공太公'과 어머니 '유온劉媼'은 본래의 이름이 아니다. 《신역사기》는 "모두 사람의 이름이 아니다. 하층민들은 이름을 막지어서 아름답지 못하기 때문에 사마천이 그 이름을 적지 않은 것이고, 반고의 《한서》도 마찬가지였다. 후대의 황보밀 등이 고조

유방의 계통을 아름답게 윤색하기 위해서 태공太公이란 이름과 온媼이란 성을 적은 것이니 믿을 수 없는 일들이다.”라고 했다. 유방의 부모 신분이 미천해서 제대로 된 이름이 없어서 만들어 붙인 이름이란 뜻이다.

⑥ 蛟龍교룡

색은 상고해보니 《시함신무》에는 “적룡赤龍이 여자 온媼과 감응해 유계劉季가 일어났다.”라고 했다. 또 《광아廣雅》에는 “비늘이 있는 것을 교룡蛟龍이라고 한다.”라고 했다.

【索隱】 按 詩含神霧云 赤龍感女媼 劉季興 又廣雅云 有鱗曰蛟龍

고조의 사람됨은 콧마루가 높이 솟고 이마는 튀어나와① 얼굴이 용과 같고 아름다운 수염이 있었으며 왼쪽 넓적다리에는 72개의 검은 점이 있었다.② 그는 어질고 사람을 사랑했으며 베풀기를 좋아하고③ 뜻이 넓고 컸다. 항상 도량이 넓어서④ 가인家人들의 생산 작업에 관여하지 않았다.⑤

高祖爲人 隆準而龍顏① 美須髯 左股有七十二黑子② 仁而愛人 喜施③ 意豁如④也 常有大度 不事家人生產作業⑤

---

① 隆準而龍顏용절이용안

집해 복건服虔은 "절준(콧마루)은 '졸拙'로 발음한다."고 했다. 응소應劭는 "융隆은 높다는 뜻이고, 절準은 뺨과 콧마루가 우뚝 솟았다는 뜻이다[頰權準也] 안顔은 이마[額顙]인데 제齊나라 사람들은 상顙(이마)이라고 하고 여남汝南(하남성 남부), 회淮, 사수泗水 사이에서는 안顔이라고 한다."고 했다. 문영文穎은 "절準은 코[鼻](콧등)다."라고 했다.

【集解】 服虔曰 準音拙 應劭曰 隆 高也 準 頰權準也 顔 頟顙也 齊人謂之顙 汝南 淮 泗之閒曰顔 文穎曰 準 鼻也

색은 이비李斐는 "절準은 코다. 시황제始皇帝는 벌 같은 눈에 코가 길었는데, 아마 콧마루도 높았을 것이다."고 했다. 《이아爾雅》에는 "안顔은 액額(이마)이다."라고 했다. 문영은 "고조가 용과 감응해서 태어났다. 그래서 그의 얼굴 생김이 용과 같고 목이 길고 코가 높다."고 했다.

【索隱】 李斐云 準 鼻也 始皇蜂目長準 蓋鼻高起 爾雅 顔 額也 文穎曰 高祖感龍而生 故其顔貌似龍 長頸而高鼻

② 七十二黑子칠십이흑자

정의 〈하도河圖〉에는 "제帝 유계劉季의 구각口角은 대승戴勝(오디새)과 같고 가슴이 튀어나왔으며斗胸, 거북 같은 등에, 용의 다리를 가졌는데 신장은 7자 8치이다."라고 했다. 〈합성도合成圖〉에는 "적제赤帝의 몸체는 주작朱雀인데 그 표면은 용안龍顔이고 흑자黑子(점)가 많다."고 했다. 상고해보니 좌左는 양陽인데 72개의 검은 점은 적제赤帝의 72일의 수數이다. 목木, 화火, 토土, 금金, 수水가 각각 한 방향에 거주하고 있

는데, 1년 360일을 사방으로 나누면 각각 90일을 얻게 되지만 토土는
중앙에 거주하니 아울러 사계절에서 찾아가 각각 18일이면 72일이 갖
춰 이루어진다. 그래서 고조高祖에게는 72개의 검은 점이 있는 것은 화
덕火德 72일에 감응했다는 징조다. 다른 책에는 '70일'이라고 되어 있
는데 잘못이다. 허신許愼은 북인北人들은 '암자黶子(검은 점)'라고 부른
다. 오吳와 초楚에서는 '지誌(사마귀)'라고 이르는데 지誌는 '기記(적는다)'
의 뜻이다.

【正義】 河圖云 帝劉季口角戴勝 斗胸 龜背 龍股 長七尺八寸 合誠圖云 赤
帝體爲朱鳥 其表龍顏 多黑子 按 左 陽也 七十二黑子者 赤帝七十二日之數
也 木火土金水各居一方 一歲三百六十日 四方分之 各得九十日 土居中央
並索四季 各十八日 俱成七十二日 故高祖七十二黑子者 應火德七十二日
之徵也 有一本 七十日者 非也 許北人呼爲黶子 吳楚謂之誌 誌 記也

③ 喜施희시

정의 喜는 발음이 '히[許記反]'이고, 施는 발음이 '시[尸豉反]'이다.
【正義】 喜 許記反 施 尸豉反

④ 豁如활여

집해 복건은 "활豁은 '달達(트이다)'이다."라고 했다.
【集解】 服虔曰 豁 達也

신주 생각이나 뜻이 탁 트여 있음을 이르는 말로써 도량이 한없이 넓었다는 의미이다. '활연豁然'과 같은 뜻이다.

⑤ 不事家人生產作業불사가인생산작업

신주 〈계포란포열전季布欒布列傳〉은 가인家人에 대해 《색은》은 "집안에 거주하는 사람으로 관직이 없음을 이르는 것이다."라고 했고, 안사고는 "오직 호적에 편입된 사람이다."라고 했다. 평민을 뜻하는 말인데, 유방이 오직 대사大事를 위한 큰 포부가 있었음을 말하는 것이다.

장년이 되어서는 시험을 쳐서 관리가 되었고① 사수정泗水亭의 정장亭長②이 되었는데, 관청의 관리들 중 업신여김을 당하지 않은 자가 없었다.③ 또 술과 여색을 좋아했다. 항상 왕온王媼과 무부武負의④ 주점에 가서 외상술을 먹고 놀았다.⑤ 취해서 누울 때면 무부와 왕온은 그 위에 늘 용이 나타나는 것을 보고 괴이하게 여겼다. 고조가 매번 머물러 술을 사먹으면 술이 평소보다 몇 배나 더 팔렸다.⑥ 왕온과 무부는 괴이한 것을 본 뒤로 한 해를 마치면⑦ 이 두 집에서는 항상 외상술값 장부를 찢어서 없애버렸다.⑧

及壯 試爲吏① 爲泗水亭長② 廷中吏無所不狎侮③ 好酒及色 常從王媼 武負④貰酒⑤ 醉卧 武負 王媼見其上常有龍 怪之 高祖每酤留飲酒讎數倍⑥ 及見怪 歲竟⑦ 此兩家常折券棄責⑧

① 試爲吏시위리

응소應劭는 "시험을 보아서 관리에 보임되었다."라고 했다.
【集解】 應劭曰 試補吏

② 泗水亭長사수정장

진법秦法에는 "10리가 1정一亭이고 10정十亭이 1향一鄕이다. 정장亭長은 정亭을 주관하는 관리로서 고조高祖는 사수정泗水亭의 정장亭長이 되었다. 《국어》에 있는 '우실寓室'이 곧 지금의 정亭이다. 정장亭長은 대개 지금의 이장里長이다. 백성들이 송사訟事로 다투면 관리가 맡아서 공평하게 판정해서 그 정사의 성취를 얻는 것이다."라고 했다. 《괄지지》에는 "사수정泗水亭은 서주徐州 패현沛縣 동쪽 100보에 있는데 고조묘高祖廟가 있다."고 했다.
【正義】 秦法 十里一亭 十亭一鄕 亭長 主亭之吏 高祖爲泗水亭長也 國語 有寓室 卽今之亭也 亭長 蓋今里長也 民有訟諍 吏留平辨 得成其政 括地志 云 泗水亭在徐州沛縣東一百步 有高祖廟也

정장亭長은 원래 향관鄕官(고을 관리)의 이름인데, 전국시기에는 국경 부근 방어의 책임을 맡겼다. 진秦·한漢시기에는 매 10리마다 정을 설치했다. 한漢나라 때 낙양洛陽은 24가街가 있었는데, 매 가마다 1정을 설치했고, 12개의 성문이 있었는데, 매 문마다 1정을 설치했다. 정장亭長은 치안을 유지하고, 여객旅客을 접대하며, 민사民事를 다스리는 일을 맡았다. 유방은 진秦나라 때 사수정장이 되었는데, 가장 낮은 관직이었다.

③ 廷中吏無所不狎侮정중리무소불압모

신주 《사기》(吉田賢抗, 明治書院)에 "이 문장의 해석에는 '관리가 고조를 업신여겼다'라는 것과 '고조가 관리를 업신여겼다'라는 두 가지 설이 있는데, 전자를 따랐다."고 했다. 본서도 유방의 출신이 미천하고 행동도 다듬어지지 않은 때였으며 관리들의 속성을 감안할 때 전자로 풀이할 수는 있으나 본서는 뒤에 나오는 '평소 여러 관리들을 가볍게 여겼기 때문에[素易諸吏]'와 '여러 손님들을 무시하고 상좌에 앉아서 조금도 굽히지 않았다[高祖因狎侮諸客 遂坐上坐 無所詘]'라는 내용으로 보았을 때 후자의 풀이가 타당하다고 여겼다.

④ 王媼武負왕온무부

신주 안사고는 "옛날에는 노모를 일컬어 '부負'라고 했는데, '왕온王媼은 왕가의 할머니', '무부武負는 무가의 노모'를 말한다."고 했다. 즉 나이 많은 평범한 노부인을 이르는 말이다. 여기서는 술파는 두 노부인을 가리킨다.

⑤ 貰酒세주

위소韋昭는 "세貰는 외상으로 사는 것賖이다."라고 했다.

【集解】 韋昭曰 貰 賖也

추탄생鄒誕生은 "세貰는 '세世'로 발음하는데《자림字林》에는 소리와 운韻이 아울러 같다. 또 발음은 '샤[時夜反]'이다."라고 했다.《광아廣雅》에는 "세貰는 사賖(외상)이다."라고 했다.《설문說文》에는 "세貰는 '대貸(빌리는 것)'이다. 임회臨淮에 세양현貰陽縣이 있다."고 했다.《한서》〈공신표功臣表〉에는 "세양후貰陽侯는 유전劉纏이다."라고 했다. 이《한서》〈본기〉에는 "'사양射陽'으로 되어 있는데, 곧 '세貰'는 또한 '사射'이다."라고 했다.

【索隱】 鄒誕生貰音世 與字林聲韻並同 又音時夜反 廣雅云 貰 賖也 說文云 貰 貸也 臨淮有貰陽縣 漢書功臣表 貰陽侯劉纏 而此紀作 射陽 則貰亦射也

⑥ 酒讎數倍주수수배

여순如淳은 "讎는 또한 '수售(팔다)'이다."라고 했다.

【集解】 如淳曰 讎亦售

악언樂彦은 "수讎자를 빌려서 '수售'로 삼은 것인데, 대개 옛날에는 글자가 적어서 가차假借(음 빌려서 적는 것)했을 뿐이다. 지금 또한 글자에 따라 읽는다. 대개 고조高祖는 도량이 컸는데 외상으로 마시면 또 그 몇 배 값만큼 팔렸다는 것이다."라고 했다.

【索隱】 樂彥云借讎爲售 蓋古字少 假借耳 今亦依字讀 蓋高祖大度 既貰飮 且讎其數倍價也

⑦ 歲竟세경

신주 '연말年末'을 뜻한다. 즉 세歲는 '년年'이고 경竟(끝내다)은 '말末(끝)'의 뜻이다.

⑧ 此兩家常折劵棄責차양가상절권기책

색은 《주례》〈소사구小司寇〉에는 "빚에 대해서 듣고 증서를 나눈다."고 했다. 정사농鄭司農은 "부별傳別은 권서劵書(증서)이다."라고 했다. 강성康成은 "부별은 크게 종이에 써서 나누는 것을 이르는 것인데, 옛날에는 간찰에 썼기 때문에 쪼갤 수 있었다. 한 해를 마치면 모두 버리고 부채負債로 하지 않는다."고 했다.

【索隱】 周禮小司寇云 聽稱責以傳別 鄭司農云 傳別 劵書也 康成云 傳別 謂大手書於札中而別之也 然則古用簡札書 故可折 至歲終總弃不責也

고조가 일찍이 함양咸陽에서 요역을 하다가[1] 방자하게도 진시황의 행차를 바라보고는[2] 탄식하고[3] 한숨을 쉬면서 말했다.

"아아! 대장부라면 마땅히 저와 같아야 할 것이다."

高祖常繇咸陽[1] 縱觀 觀秦皇帝[2] 喟然[3]太息曰 嗟乎 大丈夫當如此也

① 常繇咸陽상요함양

집해 응소는 "요繇는 '요역徭役(부역)'이다."라고 했다.
【集解】 應劭曰 徭役也

색은 위소는 "함양은 진秦나라에서 도읍으로 삼았는데, 한무제가 위성渭城이라고 명칭을 바꾸었다."고 했다. 응소는 "지금의 장안이다."라고 했다. 상고해보니 《관중기》에는 "진효공이 함양에 도읍했는데 지금의 위성渭城이 이곳으로써 위수渭水 북쪽에 있다. 시황始皇이 도읍한 함양은 지금의 성 남쪽의 큰 성이 이곳이다. 함양이라는 이름은 산의 남쪽을 양陽이라고 하고 강의 북쪽도 양陽이라고 하는데 그 땅이 위수渭水의 북쪽에 있고 또 구종九嵕의 여러 산이 남쪽에 있어서 함양咸陽이라고 한 것이다."라고 했다.
【索隱】 韋昭云 秦所都 武帝更名渭城 應劭云 今長安也 按 關中記云 孝公都咸陽 今渭城是 在渭北 始皇都咸陽 今城南大城是也 名咸陽者 山南曰陽 水北亦曰陽 其地在渭水之北 又在九嵕諸山之南 故曰咸陽

② 縱觀觀秦皇帝종관관진황제

정의　포개包愷가 이르기를 "위 글자[觀]의 발음은 '관[上音館]'이고 아래 글자[觀]의 발음은 '관[下音官]'이다. 방자하다는 뜻이다. 그래서 '종관縱觀'이다."라고 했다.

【正義】　包愷云 上音館 下音官 恣意 故縱觀也

신주　위의 관觀(방자한 모양)은 음이 '관館(거성)'이고 아래의 관觀(바라보다)은 음이 '관官(평성)'이다. 따라서 '방자하게 진시황제를 보았다'는 뜻으로 한고조가 함양에서 요역할 때 진시황제가 수레를 타고 가는 것을 보고 부러워 신세를 한탄하는 것이다.

③ 喟然위연

신주　탄식하는 모양을 말한다.

선보單父 사람 여공呂公은④ 패현 현령縣令과 사이가 좋았다. 여
공은 원수진 사람을 피해 패현 현령의 식객이 되어서 패현에서
살게 되었다. 패현의 호걸들과 관리들은 현령에게 중요한 손님이
와 있다는 소문을 듣고 모두 가서 하례를 드렸다.
單父人呂公①善沛令 避仇從之客 因家沛焉 沛中豪桀吏聞令有重客
皆往賀

① 單父人呂公선보인여공

집해 《한서음의漢書音義》에는 "單은 '선善'으로 발음하고 父는 '부斧'
로 발음한다."고 했다.
【集解】 漢書音義曰 單音善 父音斧

색은 위소는 "선보單父는 현 이름이다. 산양山陽에 속해 있다."고 했
다. 최호崔浩는 "역사서에 그 이름을 전하지 않아서 다만 성씨를 들어서
공公이다."라고 말했다. 또 상고해보니 《한서구의漢書舊儀》에는 "여공呂
公은 여남汝南 신채新蔡 사람이다."라고 했다. 또 《상경相經》에는 "여공
은 위魏나라 사람인데 이름은 문文이고 자는 숙평叔平이다."라고 했다.
【索隱】 韋昭云 單父 縣名 屬山陽 崔浩云 史失其名 但舉姓而言公 又按 漢
書舊儀云 呂公 汝南新蔡人 又相經云 魏人呂公 名文 字叔平也

소하蕭何①는 패현의 주리主吏로서② 예물을 담당하는 관리가 되어 진상물을 주관하게 되었다.③ 이때 소하는 여러 대부들에게④ 말했다.

"진상품이 1,000전錢이 되지 않는 자는 당하堂下에 앉으시오."

고조는 정장이 되어서 평소 여러 관리들을 가볍게 여겼기 때문에⑤ 그들을 속여서⑥ 명함에 '하례금 1만 냥'이라고 써 넣었다. 그런데 실제로는 1전도 지참하지 않았다.⑦ 명함이 들어오자 여공이 크게 놀라 일어나 문으로 가서 맞이했다. 여공은 남의 관상 보기를 좋아했는데 고조의 생김새를 보고는 거듭 존경해 이끌어 들어와 앉게 했다.⑧

蕭何①爲主吏② 主進③ 令諸大夫④曰 進不滿千錢 坐之堂下 高祖爲亭長 素易諸吏⑤ 乃紿爲謁⑥曰 賀錢萬 實不持一錢⑦ 謁入 呂公大驚 起迎之門 呂公者 好相人 見高祖狀貌 因重敬之 引入坐⑧

① 蕭何소하

신주 소하(?~서기전 193년)는 전한시대 재상으로서 강소성 패현 사람이다. 장량張良, 한신韓信과 함께 고조가 통일하는데 혁혁한 공을 세운 3걸 중 한 명이다. 〈소상국세가〉에 상세히 기록되어 있다.

② 主吏주리

집해 맹강은 "주리主吏는 공조功曹이다."라고 했다.

【集解】 孟康曰 主吏 功曹也

신주 공조功曹는 공조리功曹史라고도 부른다. 한漢나라에서 설치했는데 군수나 현령을 보좌하는 직책이다.

③ 主進주진

집해 문영은 "세금을 거두어 예로 바치는 일을 주관하는 우두머리가 된 것이다."라고 했다.

【集解】 文穎曰 主賦斂禮進 爲之帥

색은 정씨鄭氏는 "세금을 거두어서 예로 바치는 돈[禮錢]을 주관한다."고 했다. 안사고顏師古는 "진상進이란 예로 바치는 재물을 모은 것이다. 자본字本에는 '진賮' 자로 되어 있는데 소리가 바뀌어 '진進'이 되었다. '선제가 여러 차례 진상을 짊어졌다[宣帝數負進]'고 한 뜻이 이와 동일하다."고 했다.

【索隱】 鄭氏云 主賦斂禮錢也 顏師古曰 進者 會禮之財 字本作 賮 聲轉爲進 宣帝數負進 義與此同

신주 《한서》〈유협열전〉의 진준陳遵 조에 선제宣帝가 한미할 때 진준과 장기를 두면서 여러 차례 진상을 짊어졌다는 기사가 나온다.

④ 大夫대부

정의 대부는 손님 중에서 귀한 자들을 모두 일컫는 칭호이다.

【正義】 大夫 客之貴者總稱之

⑤ 素易諸吏소이제리

신주 위의 문장 "관청 안의 관리들 중 유방의 가벼운 속임수와 장난질에 당하지 않는 자가 없었다."고 한 것을 이른다.

⑥ 紿爲謁태위알

집해 응소는 "紿는 '속이는 것[欺]'으로서 발음은 '태殆'이다."라고 했다.

【集解】 應劭曰 紿 欺也 音殆

색은 위소韋昭는 "태紿는 '속이는 것[詐]'이다."라고 했다. 유씨劉氏는 "태紿는 속이고 저버리는 것[欺負]이다."라고 했다. 하휴何休는 "태紿는 미혹시키는 것[疑]이다."라고 했다. 고조高祖가 평소 여러 관리吏들의 낯을 알고 가볍게 생각했으므로 속여서 만난 것이다. 알謁은 패찰에 성명을 쓰는 것을 이른 것으로 지금의 통자通刺(명함을 내밀고 면회를 청하는 것)와 같은 것인데, 겸하여 돈이나 곡식 액수를 적는다.

【索隱】 韋昭云 紿 詐也 劉氏云 紿 欺負也 何休云 紿 疑也 謂高祖素狎易

諸吏 乃詐爲謁 謁謂以札書姓名 若今之通刺 而兼載錢穀也

⑦ 賀錢萬實不持一錢하전만실부지일전

신주 　재치가 있을 뿐만 아니라 배포 또한 보통 사람이 아니었다는 표현이다.

⑧ 引入坐인입좌

신주 　일본의 농천구태랑瀧川龜太郎(타키가와 카메타로우 1865~1946)은 《사기회주고증史記會注考證》에서 "〈비각〉 본에 '입入' 자 아래 '상上' 자가 있다."고 했다. 《한서》에서는 이 부분을 "끌어 들여[引入] 윗자리에 앉혔다."라고 했다. 명함에 써넣은 액수와는 관계없이 유방의 상相을 보고 대인大人임을 곧 알아보고 상좌에 모셨다는 뜻이다.

소하가 말했다.

"유계劉季는 실로 큰소리만 쳤지 성사시킨 일은 거의 없다."

그러나 고조는 여러 손님들을 무시하고 상좌에 앉아서① 조금도 굽히지 않았다.② 술자리가 끝나갈 무렵③ 여공이 눈짓으로 고조에게 머물도록 했다.④ 고조는 술자리가 끝나고 혼자 남게 되었다. 여공이 말했다.

"신臣은 젊어서부터 남의 관상 보는 것을 좋아해서⑤ 많은 사람들의 관상을 보았는데 그대[季] 만한 관상은 없었소. 원컨대 그대는 스스로를 아끼십시오. 신에게 딸이⑥ 있는데 원컨대 그대의 아내로⑦ 삼았으면 합니다."

蕭何曰 劉季固多大言 少成事 高祖因狎侮諸客 逐坐上坐① 無所詘②
酒闌③ 呂公因目固留④高祖 高祖竟酒 後 呂公曰 臣少好相人⑤ 相人
多矣 無如季相 願季自愛 臣有息女⑥ 願爲季箕帚妾⑦

① 逐坐上坐수좌상좌

정의　위의 坐는 발음이 '좌[在果反]'이고, 아래 坐는 '좌[在臥反]'이다.
【正義】 上在果反 下在臥反

② 無所詘무소굴

정의　詘의 발음은 '굴[丘忽反]'이다.
【正義】 音丘忽反

안사고는 "두려움을 꺾은 것[곡섭曲懾]이다."라고 했다. 따라서 두려움을 숨기고 당당함을 보여주는 것이다. 굴詘(굽히다)은 '굴屈'(굽히다)과 같다.

③ 酒闌주란

문영은 "난闌은 희希를 말한다. 술 마시던 사람들이 절반은 떠나고 절반은 남아 있는 것을 '난闌'이라고 이른다."고 했다.

【集解】 文穎曰 闌言希也 謂飮酒者半罷半在 謂之闌

④ 因目固留인목고류

무리들한테 말을 드러내지 않으려고 일부러 눈을 움직여 머무르게 한 것이다.

【正義】 不敢對衆顯言 故目動而留之

⑤ 臣少好相人신소호상인

장안張晏은 "옛 사람들은 서로 더불어 말할 때 자주 스스로 신臣이라고 일컬었는데 이는 스스로를 낮추는 도道이다. 지금 사람들이 서로 더불어 말할 때에 다 스스로 복僕(하인)이라고 칭하는 것과 같다."고 했다.

【集解】 張晏曰 古人相與語多自稱臣 自卑下之道 若今人相與語皆自稱僕

⑥ 息女식녀

정의 식息은 '생生'이다. 자신이 낳은 딸을 이른 것이다.

【正義】 息 生也 謂所生之女也

⑦ 箕帚妾기추첩

신주 기추箕帚는 청소하는 비婢를 뜻하는데, 처妻의 겸칭으로도 사용된다.

술자리가 끝나자 여온呂媼(여공의 아내)이 여공에게 화를 내면서 말했다.

"공公께서는 처음부터 항상 이 딸을 기특하다고 여기고 귀인과 함께할 것이라고 했소. 패현 현령이 공과 친한데도 딸을 달라고 하자 주지 않더니 어찌 스스로 망령되게 유계에게 주려고 합니까?"

여공이 말했다.

"이것은 아녀자가 알 바가 아니오."

마침내 유계에게 딸을 주었다. 여공의 딸이 곧 여후呂后①인데 효혜제孝惠帝와② 노원공주魯元公主를③ 낳았다.

酒罷 呂媼怒呂公曰 公始常欲奇此女 與貴人 沛令善公 求之不與 何自妄許與劉季 呂公曰 此非兒女子所知也 卒與劉季 呂公女乃呂后① 也 生孝惠帝② 魯元公主③

① 呂后여후

여후(?~서기전 180년)는 성은 여呂이고 이름은 치雉이다. 유방의 정비正妃로서 유방이 한나라를 세우고 통일하는데 공이 컸다. 고조가 죽은 뒤 혜제를 대신해 정권을 장악했다. 유씨 일족을 압박해 여씨 왕조를 세우려다가 사후에 여씨呂氏의 난을 초래하였다. 《사기》〈여태후본기〉에 상세하게 기록하였다.

② 孝惠帝효혜제

효혜제(서기전 195~서기전 188년)는 이름은 '영盈'이며 유방과 여후의 사이에서 태어났다. 유방의 차남으로 유방이 죽자 보위에 올랐으나 여씨의 그늘에 가려 정사를 하지 못했다. 재위기간은 서기전 195년 ~서기전 188년으로 7년간 재위했다.

③ 魯元公主노원공주

집해 복건은 "원元은 장長이다. 노魯나라를 식읍食邑으로 삼았다." 라고 했다. 위소는 "원元은 시호이다."라고 했다.
【集解】 服虔曰 元 長也 食邑於魯 韋昭曰 元 諡也

정의 한漢나라의 제도에 황제의 딸을 '공주公主'라고 하는데 의식은 제후에 견준다. 자매姊妹를 '장공주長公主'라고 하고 의식은 제후왕에 견준다. 황제의 고모姑를 '대장공주大長公主'라고 하는데 의식은 제후왕에 견준다.

【正義】 漢制 帝女曰 公主 儀比諸侯 姉妹曰 長公主 儀比諸侯王 姑曰 大長公主 儀比諸侯王

신주 노원공주(?~서기전 187년)는 한고조와 여후 사이의 장녀로 출생했다. 2대 황제 효혜제孝惠帝의 누나로 조나라 왕 장이長耳의 아들인 장오張敖에게 시집가서 아들 장언長偃을 낳았다. 여후가 장언을 노魯나라 왕으로 봉함에 따라 '노원태후魯元太后'가 되었다. 노원태후는 '노원공주'라는 칭호를 따른 것이다.

고조는 정장이었을 때 항상 휴가를 얻으면 고향으로 돌아갔다.[①]
여후가 두 아이와 함께 밭에서 김을 매고 있었는데 한 노부老
父가 지나가면서 마실 물을 청하자 여후가 먹을 것을 함께 주었
다.[③] 노인이 여후의 관상을 보고 말했다.

"부인은 천하의 귀인貴人이 될 것입니다."

그래서 두 아이의[②] 관상도 보게 했다. 효혜제를 보고 말했다.

"부인께서 귀하게 되는 것은 이 사내아이 때문일 것입니다."

노원공주의 상을 보게 하자 또한 귀한 상相이라고 했다. 노부가
떠나자 고조가 때마침 방사旁舍(본채 곁의 작은 집)에서 나오자 여
후가 객이 지나가면서 한 말을 구체적으로 갖추어 자신과 아이
들의 관상을 보고 모두 크게 귀한 상이라고 했다고 말했다.

高祖爲亭長時 常告歸之田[①] 呂后與兩子[②]居田中耨 有一老父過請
飮 呂后因餔之[③] 老父相呂后曰 夫人天下貴人 令相兩子 見孝惠 曰
夫人所以貴者 乃此男也 相魯元 亦皆貴 老父已去 高祖適從旁舍來
呂后具言客有過 相我子母皆大貴

① 告歸之田고귀지전

집해 복건服虔은 "告의 발음은 '호호嘷呼'의 '호嘷'와 같다."고 했다.
이비李斐는 "휴가를 청하는 명칭이다. 길한 것을 고告라고 하고 흉한 것
을 영寧이라 한다."라고 했다. 맹강孟康은 "옛날에 명리名吏가 휴가 가

는 것이 고告이다. 告의 발음은 '곡嚳(고하다)'이다. 한漢나라의 법률에는 2,000석二千石의 관리에게는 여고予告와 사고賜告가 있었다. 여고予告는 관직에 있는 자가 최고의 공이 있으면 법으로 마땅히 얻는 것이다. 사고賜告는 질병이 3개월 동안 지속되면 면직되는데 천자가 넉넉하게 하사해서 휴가를 다시 주고 의대衣帶의 인수印綬를 얻게 해서 장차 관官에 속하게 하면서 집에 돌아가서 질병을 치료하게 하는 것이다."라고 했다.

【集解】 服虔曰 告音如嗥呼之嗥 李斐曰 休謁之名也 吉曰告 凶曰寧 孟康曰 古者名吏休假曰告 告又音嚳 漢律 吏二千石有予告 賜告 予告者 在官有功最 法所當得者也 賜告者 病滿三月當免 天子優賜 復其告 使得帶印綬 將官屬 歸家治疾也

색은 위소韋昭는 "고告는 휴가를 청해 돌아가기를 비는 것이다. 음音은 '고어告語'라고 말할 때의 '고告'와 같다. 그래서 《전국책》에는 '상군고귀商君告歸(상군이 휴가를 청해 돌아갔다)'라고 했다. 연독延篤(후한 때 경조윤을 역임한 벼슬아치)이 휴가를 얻어서 집에 돌아간 것은 지금의 귀녕歸寧(고향으로 돌아가는 것)'이다."라고 했다. 유백장劉伯莊과 안사고顏師古는 "발음은 '곡[古篤反]'으로, 호·곡은 두 음이 아니다."라고 했다.

상고해보니 《동관한기東觀漢記》〈전읍전田邑傳〉에는 "읍邑에서 나이 30에 경대부를 역임하면 귀파라고 부르는데[號歸罷], 일을 싫어하고 즐기고 탐하는 것이 적다."라고 했다. 찾아보니 호號와 호嘑(부르짖다)는 동일했기에 옛날에는 마땅히 이런 말이 있었다. 그래서 복건은 이르기를 "호호嘑呼는 호號와 같다."고 했는데, 발음은 '호豪'이다. 지금 복건이

비록 전읍田邑에 의거해서 '호귀號歸'라고 한 것은 그 뜻을 얻지 못한 것이 아닐까 생각한다. 그러나 이 '고告' 자는 마땅히 발음이 '고誥'인데 '고誥'와 '호號'는 발음이 서로 가깝다. 그래서 뒤에 '고귀告歸'가 '호귀號歸'로 드디어 변한 것일 뿐이다.

【索隱】 韋昭云 告 請歸乞假也 音告語之告 故戰國策曰 商君告歸 延篤以 爲告歸 今之歸寧也 劉伯莊 顏師古並音古篤反 非號謈兩音也 按 東觀漢記 田邑傳云 邑年三十 歷卿大夫 號歸罷 厭事 少所嗜欲 尋號與嘷同 古者當有 此語 故服氏云 如號呼之號 音豪 今以服虔雖據田邑號歸 亦恐未得 然此告 字當音誥 誥號聲相近 故後告歸號歸逐變耳

② 兩子양자

두 아이 노원과 효혜를 가리킨다. 여후는 한고조와의 사이에서 남매 '노원과 효혜'를 낳았다.

③ 餔之포지

정의 餔는 '포[必捕反]'다. 음식으로 사람을 먹인다는 뜻이다. 노부老 父가 본래 물을 청하자 여후呂后가 음식을 먹게 한 것이다. 《국어》에는 "국가 안의 어린아이는 먹게 하지 아니함이 없다."고 했다.

【正義】 必捕反 以食飼人也 父本請飲 呂后因飼之 國語云 國中童子無不餔

고조가 어디로 갔느냐고 묻자 여후가 말했다.

"아직 멀리 가지 못했을 것이오."

이에 쫓아가서 노부에게 자신의 관상을 물었다. 노부가 말했다.

"방금① 부인과 어린아이들이 모두 군君(대)을 닮았습니다.② 그대의 관상은 귀한 것을 말로 할 수 없습니다."

고조가 이에 사례하면서 말했다.

"진실로 어르신의 말씀과 같게 된다면 감히 은덕을 잊지 않을 것입니다."

고조가 귀하게 되어 찾았으나 노부가 있는 곳을 알지 못했다.

高祖問 曰未遠 乃追及 問老父 老父曰 鄕者①夫人嬰兒皆似君② 君相貴不可言 高祖乃謝曰 誠如父言 不敢忘德 及高祖貴 遂不知老父處

① 鄕者향자

신주 향鄕은 '향向'이다. 향전向前, 향시向時와 같이 지난번, 접때 등의 뜻이다. 자者는 때를 나타낸다. 석자昔者, 금자今者, 전자前者 등으로 시간을 나타내는 글자 뒤에 온다.

② 皆似君개사군

신주 《신역사기》에 "그 관상의 부귀함이 모두 그대유방의 관상과 닮았다는 말이다. 생각해보니 《한서》에서는 사似를 '이以'라고 했는데, 안사고는 '부인과 아이들을 말하는 것으로 군君으로 인하여 귀함을 얻은 것이지 닮은 것 때문이 아니다.'라면서 두 설이 다 통한다."고 했다.

고조는 정장이 되자 대나무 껍질로 관冠을 만들려고 구도求盜에게 설薛 땅에 가서 때때로 관을 만들게 했다.[①] 귀하게 된 후에도 항상 죽피관을 썼는데 이른바 '유씨관劉氏冠'이[②] 이것이다.

高祖爲亭長 乃以竹皮爲冠 令求盜之薛治之[①] 時時冠之 及貴常冠 所謂 劉氏冠[②] 乃是也

---

① 以竹皮爲冠令求盜之薛治之이죽피위관령구도지설치지

집해 응소應劭는 "대나무에 처음 생긴 겉껍질로 관冠을 만들었는데 지금의 작미관鵲尾冠이 이것이다. 구도求盜란 옛날 정亭에는 두 명의 졸卒이 있는데 그 한 명은 정보亭父가 되어서 정亭의 문을 여닫고 청소하는 일을 관장한다. 한 명은 구도求盜가 되어서 도적들을 쫓고 체포하는 일을 관장한다. 설薛은 노魯나라의 현縣이다. 관冠을 만드는 스승이 있어서 가서 이를 익혔다."고 했다.

【集解】 應劭曰 以竹始生皮作冠 今鵲尾冠是也 求盜者 舊時亭有兩卒 其一爲亭父 掌開閉埽除 一爲求盜 掌逐捕盜賊 薛 魯國縣也 有作冠師 故往治之

응소는 "일명一名 '장관長冠'이다. 가장자리에 있는 대나무 껍질로 싸서 앞을 늘어지게 하는 것인데 높이는 7치, 넓이는 3치로 판板과 같다."고 했다. 또 채옹蔡邕은《독단獨斷》에서 "장관長冠은 초楚나라의 제도이다. 고조가 대나무 껍질로 이를 만들고 '유씨관劉氏冠'이라고 일렀다."고 했다. 사마표司馬彪의《여복지興服志》에도 또한 "유씨관劉氏冠은 '작미관鵲尾冠'이다."라고 했다. 응소는 "구정舊亭의 졸卒의 명칭은 '뇌부䅳父'인데, 진陳이나 초楚에서는 '정부亭父'라고 일렀고, 혹자는 '정부亭部'라고 했는데, 회수淮水와 사수泗水에서는 '구도求盜'라고 불렀다."고 했다.

【索隱】 應劭云 一名長冠 側竹皮裹以縱前 高七寸 廣三寸 如板 又蔡邕獨斷云 長冠 楚制也 高祖以竹皮爲之 謂之劉氏冠 司馬彪興服志亦以劉氏冠爲鵲尾冠也 應劭云 舊亭卒名䅳父 陳 楚謂之亭父 或云亭部 淮 泗謂之求盜也

④ 劉氏冠유씨관

음은 관이다. 안사고顏師古는 "뒤에 '유씨관劉氏冠'이라고 불렀다. 그 후에는 조서로써 '작위가 공승公乘 이상이 아니면 유씨관劉氏冠을 쓰지 못한다'고 한 것이 곧 이것이다."라고 했다.

【正義】 音官 顏師古云 後號爲劉氏冠 其後詔曰 爵非公乘以上不得冠劉氏冠 卽此也

죄수 호송 중에
군사를 일으키다

고조가 정장亭長으로서 현縣의 역도役徒(사역하는 죄수)들을 여산
酈山으로 호송했는데,[①] 역도들이 가는 길에 많이 도망쳤다. 스스
로 헤아려보니 여산 가까이 이르면[②] 모두 도망쳐버릴 것으로 여
겼다. 풍읍 서쪽의 늪지대 안에 도착하자 멈춰서 술을 마시다가[③]
밤이 되자 호송해 가던 역도들을 모두 풀어 주었다. 그리고 말했다.
"그대들은 모두 떠나시오. 나도 또한 이곳에서 떠날 것이오."[④]
역도들 중에 따르기 원하는 장사壯士 십여 명이 있었다.

高祖以亭長爲縣送徒酈山[①] 徒多道亡 自度比至[②]皆亡之 到豊西澤
中 止飮[③] 夜乃解縱所送徒 曰 公等皆去 吾亦從此逝矣[④] 徒中壯士願
從者十餘人

① 爲縣送徒酈山위현송도력산

신주 여산酈山은 섬서성陝西省의 서안西安에서 30㎞ 떨어진 동현東縣의 여산원驪山園에 있는 야산이었다. 지금의 서안시 임동구 동남쪽에 위치한다. 당시에 한고조는 정장으로서 사역의 죄수들을 인솔해 진시황제 능陵을 조성하는 공사장으로 호송하는 임무를 수행하고 있었다.

② 度比至탁비지

정의 度은 발음이 '작[田洛反]'이고, 比는 발음이 '패[必寐反]'다.
【正義】 度 田洛反 比 必寐反

신주 '생각해보니 가까이 다다르면'이란 뜻이다.

③ 到豐西澤中止飮도풍서택중지음

신주 《한서》는 "풍읍 서쪽의 늪 가운데 이르러 머물며 술을 마셨다."라고 했다. 청나라 양옥승은 "이것은 '정亭(역참 또는 초소)' 자가 탈자가 되어 단지 '늪지대 안에' 있는 것을 말하는 듯하지만, 어찌 '멈춰서 술을 마신다.'고 할 수 있겠는가?"라고 했다. 고조가 사역죄수들을 풀어주기 위한 사전 행위로 본다는 의미이다.

④ 逝矣서의

신주 '서逝'는 자신의 직위를 버리고 세력을 규합해 큰 뜻을 세우겠다는 의미와 피해서 숨겠다는 두 의미가 있다. 아래의 '무리 중에 장사 십여 명이 따를 것을 원했다'는 문장은 유방이 자신의 포부를 실현시킬 결심을 했음을 시사한다. 이 일은 유방이 천하를 갖게되는 시발점이 된다.

고조는 술을 더 마시다가[1] 밤중에 늪지의 지름길로 갔는데[2] 한 사람을 시켜서 앞을 살펴보게 했다. 앞서 간 자가 돌아와서 보고해 말했다.

"앞에 큰 뱀이 길을[3] 막고 있으니 돌아가기를 원합니다."

고조가 술에 취해서 말했다.

"장사들이 가는데 무엇이 두려울 것인가?"

이에 그 앞으로 가서 검을 뽑아 뱀을 베었다.[4] 거대한 뱀이 드디어 두 동강으로 갈라졌고[5] 지름길이 열렸다. 몇 리를 가다가 고조가 술에 취해서 길에 누웠다. 뒷사람이 뱀이 있는 곳에 이르렀는데 어느 한 노파가 밤에 통곡을 하고 있었다.

高祖被酒[1] 夜徑[2]澤中 令一人行前 行前者還報曰 前有大蛇當徑[3] 願還 高祖醉 曰 壯士行 何畏 乃前 拔劍擊斬蛇[4] 蛇逐分爲兩[5] 徑開 行數里 醉 因臥 後人來至蛇所 有一老嫗夜哭

---

① 被酒피주

정의 피被는 '더한다加'는 뜻이다.

【正義】 被 加也

② 夜徑야경

색은   옛 발음은 '경經'이다. 상고해보니 《광아廣雅》에는 "경徑(지름
길)은 '사과斜過(비탈길로 가는 것)'이다."라고 했다. 《자림字林》에는 "경徑
은 작은 길이다."라고 했다. 발음은 '경[古定反]'이다. 술을 마신 뒤 역도
들을 풀어주고 밤중에 늪지澤 안의 지름길로 갔다는 것은 감히 바른 길
正路로 갈 수 없었고 또 빨리 갈 길을 찾은 것이다.

【索隱】 舊音經 按 廣雅云 徑 斜過也 字林云 徑 小道也 音古定反 言酒後
放徒 夜徑行澤中 不敢由正路 且從而求疾也

③ 徑경

색은   徑은 '경遷'으로 발음한다. 정현은 "걸어서 가는 길이 경徑이
다."라고 했다.

【索隱】 音遷 鄭玄曰 步道曰徑也

④ 拔劍擊斬蛇발검격참사

색은   《한구의漢舊儀》에 "뱀을 벤 칼은 길이가 7자였다."고 했다. 또
고조高祖가 이르기를 "나는 포의布衣로써 3자의 칼을 가지고 천하를
취했다."라고 했다. 이 두 글이 같지 않은데, 최표崔豹는 〈고금주古今注〉

에서 "고조가 정장亭長이 되었을 때는 마땅히 3자 짜리 칼을 가졌을 따름이다. 귀해진 후에 마땅히 따로 7자의 보검을 얻은 것이다."라고 했다. 그래서 《한구의漢舊儀》가 그렇게 인용한 것이다.

【索隱】 漢舊儀云 斬蛇劍長七尺 又高祖云 吾以布衣提三尺劍取天下 二文不同者 崔豹古今注 當高祖爲亭長 理應提三尺劍耳 及貴 當別得七尺寶劍 故舊儀因言之

정의 상고해보니 그 뱀은 컸기 때문에 다스리려면 따로 이 검을 구해서 베어야 했다. 3척尺짜리 검은 항상 차는 검이다. 《괄지지》에는 "참사구斬蛇溝는 근원이 서주徐州 풍현豊縣의 안 평지에서 나온다. 그래서 늙은이는 고조가 뱀을 벤 곳은 현의 서쪽 15리에 이르러 포수泡水로 들어가는 곳이다."라고 했다.

【正義】 按 其蛇大 理須別求是劍斬之 三尺劍者 常佩之劍 括地志云 斬蛇溝源出徐州豊縣中平地 故老云高祖斬蛇處 至縣西十五里入泡水也

⑤ 蛇遂分爲兩사수분위량

색은 뱀을 베어서 나뉘어 두 도막이 된 것을 이른 것이다.

【索隱】 謂斬蛇分爲兩段也

그 사람이 노파에게 왜 곡하느냐고 묻자 노파가 말했다.

"어떤 사람이 나의 아들을 죽였기에 곡을 하오."

그 사람이 물었다.

"노파의 아들이 왜 죽음을 당했소?"

노파가 말했다.

"내 아들은 백제白帝의 아들이오. 뱀으로 변해서 길을 지키고 있었는데 지금 적제赤帝의 아들에게 참변斬變을 당했소.[1] 그래서 곡을 하는 것이오."

뒤에 오던 사람이 노파가 진실하지 못한 것으로 여기고 욕을 보이려고 했는데[2] 노파가 갑자기 보이지 않았다. 뒷사람이 이르자 고조는 술에서 깨어났다.[3] 뒷사람이 이를 고조에게 고하자 고조는 마음속으로 홀로 기뻐하고 스스로 자부심을[4] 가졌다. 따르는 여러 사람이 날마다 더욱 더 고조를 두려워했다.

人問何哭 嫗曰 人殺吾子 故哭之 人曰 嫗子何爲見殺 嫗曰 吾子 白帝子也 化爲蛇 當道 今爲赤帝子斬之[1] 故哭 人乃以嫗爲不誠 欲告之[2] 嫗因忽不見 後人至 高祖覺[3] 後人告高祖 高祖乃心獨喜 自負[4] 諸從者日益畏之

[1] 白帝子也化爲蛇當道今赤帝子斬之백제자야화위사당도금적제자참지

집해 응소應劭가 말하기를, "진양공秦襄公은 자신이 서융西戎에 살

때 소호少昊의 신을 주관하고 서치西畤를 지어서 백제白帝에게 제사했다. 헌공 때에 이르러 역양櫟陽에 금비가 내리자 상서로운 것으로 여기고 또 규치畦畤를 지어 백제에게 제사했다. 소호는 금덕金德이었다. 적제赤帝는 요堯임금의 후예이며 한漢나라를 뜻한다. 그를 죽였다는 것[殺之者]은 한漢나라가 마땅히 진秦나라를 멸망시키리라는 것을 밝힌 것이다. 진秦나라는 스스로를 수水라고 일렀고, 한漢나라는 처음에 스스로를 토土라고 일렀는데 모두 잘못된 것이다. 광무제光武帝 때 와서 개정했다."고 했다.

【集解】 應劭曰 秦襄公自以居西戎 主少昊之神 作西畤 祠白帝 至獻公時 櫟陽雨金 以爲瑞 又作畦畤 祠白帝 少昊 金德也 赤帝堯後 謂漢也 殺之者 明漢當滅秦也 秦自謂水 漢初自謂土 皆失之 至光武乃改定

색은 상고해보니 《태강지리지》에는 "치畤는 역양櫟陽의 옛 성안에 있다. 그 치畤(제사터)는 휴畦(밭두둑)와 같다. 그래서 휴치畦畤라 한다."라고 했다. 畦는 발음이 '휴[戶圭反]'다. 응소의 주석에는 "진秦나라에서 스스로를 수水라고 일렀다."는 것은 상고해보니 진문공秦文公이 흑룡黑龍을 얻고 하수河水의 이름을 덕수德水로 한 것을 뜻한다. 또 상고해보니 〈춘추합성도春秋合城圖〉에는 "수신水神이 곡을 하자 자포子襃가 무너졌다."고 했다. 송균宋均은 고조高祖가 백사白蛇를 베자 신모神母가 곡을 했는데, 이 모母는 수정水精이라고 했다. 이것도 모두 잘못된 설명이다. 또 주석에, '광무제에 이르러 이를 개정했다'고 한 것은 한漢나라를 화덕火德으로 고쳐 삼고 진秦나라는 금덕金德으로 삼은 것이니 금비[金雨]와 적제자赤帝子가 함께 이치에 합당하게 된 것이다.

【索隱】 按 太康地理志云 時在櫟陽故城內 其時如畦 故曰畦畤 畦音戶圭
反 應注云 秦自謂水者 按秦文公獲黑龍 命河爲德水是也 又按 春秋合誠圖
云 水神哭 子褒敗 宋均以爲高祖斬白蛇而神母哭 則此母水精也 此皆謬說
又注云 至光武乃改者 謂改漢爲火德 秦爲金德 與雨金及赤帝子之理合也

신주 소호少昊씨는 황제가 누조 사이에서 낳은 적장자로서 산동성
곡부曲阜 북쪽의 궁상窮桑에서 태어났다. 청양 또는 금천金天씨라고도
칭하는데 중국에서도 동이족으로 인정한다. 적장자 소호가 동이족이면
그 동복 동생 창의 역시 동이족일 수밖에 없고, 그 부친 황제 또한 동이
족일 수밖에 없다. 소호와 창의 후손들이 제전욱, 제곡, 제요, 제순이므
로 오제는 모두 동이족이다. 또한 하나라 시조 우는 창의의 증손이고,
은나라 시조 설, 주나라 시조 직은 모두 소호의 손자 제곡의 자식들이
므로 삼대三代로 칭하는 하·은·주도 모두 동이족 국가이다.

그런데 진나라가 소호를 제사지내는 것은 소호의 후손으로 영성嬴姓
인 진나라 왕손들이 서쪽으로 이동했음을 시사한다.《삼국사기》〈김유
신열전〉에는 "신라 사람들은 스스로 소호 금천씨의 후손이라고 일러서
성을 김씨라고 했는데, 김유신의 비문 또한 '헌원의 후예요 소호의 자손'
이라고 했다. 즉 남가야 시조 수로왕은 신라와 성이 같다[羅人自謂少昊金
天氏之後 故姓金 庾信碑亦云 軒轅之裔 少昊之胤 則南加耶始祖首露與新羅同姓也]"
고 기록하고 있다. 김유신의 선조가 헌원황제와 그 아들 소호씨라는 것
이다. 김부식은《삼국사기》〈의자왕본기〉다음의 논평에서 "신라 고사
에 하늘이 금궤를 내려주었으므로 성을 김씨라고 했습니다……. 신라인
은 스스로 소호 금천씨의 후예이므로 김씨로 성을 삼았고(이는 신라 국자

박사 설인선이 지은 김유신 비와 박거물이 짓고 요극일이 쓴 〈삼랑사 비문〉에서 보인다)

고구려는 고신씨의 후손이어서 고로 성을 삼았다고 한다(진서 기록에 보인다).”라고 기록하고 있다. 고신씨는 제곡을 뜻한다. 부사년傅斯年, 고힐강顧頡剛 같은 중국 학자들도 소호를 동이족이라고 인정하고 있다.

② 告之고지

｜집해｜ 서광은 “다른 책에는 고告가 ‘고苦’로 되어 있다.”고 했다.
【集解】 徐廣曰 一作苦

｜색은｜ 《한서漢書》에는 “‘고苦’로 되어 있는데, 곤고困苦하게 욕을 보이려 했다고 일렀다. 다른 본一本에는 혹 ‘태笞’로 되어 있다.”고 했다. 《설문》에는 “태笞는 격擊(치다)이다.”라고 했다.
【索隱】 漢書作苦 謂欲困苦辱之 一本或作笞 說文云 笞 擊也

③ 覺교

｜색은｜ 포개包愷와 유백장劉伯莊은 발음이 ‘교[古孝反]’라고 했다.
【索隱】 包愷 劉伯莊音古孝反

④ 負부

｜집해｜ 응소는 “부負는 믿는 것恃이다.”라고 했다.

진秦나라 시황제始皇帝는 항상 말했다.

"동남쪽에 천자天子의 기운이 있다."

이에 동쪽으로 유람해서 그 기운을 진압하고자 했다.[1] 고조는 곧 스스로 의심이 들어서 도망쳐 숨었는데, 망산芒山이나 탕산碭山[2]의 늪지대와 바위 사이에 은신했다. 여후呂后가 사람들과 함께 그를 찾았는데, 늘 만날 수 있었다. 고조가 괴이하게 여겨 물었다. 여후가 말했다.

"당신이 있는 곳 위에는 항상 운기雲氣가[3] 서려 있습니다. 그래서 그 운기를 따라가면 항상 당신을 만날 수 있었습니다."[4]

고조가 마음속으로 기뻐했다. 패현 안의 자제들이 혹자에게 이 말을 듣고 고조를 따르려고 하는 자가 많았다.

秦始皇帝常曰 東南有天子氣 於是因東游以厭之[1] 高祖卽自疑 亡匿隱於芒 碭[2]山澤巖石之閒 呂后與人俱求 常得之 高祖怪問之 呂后曰 季所居上常有雲氣[3] 故從往常得季[4] 高祖心喜 沛中子弟或聞之 多欲附者矣

① 厭之엽지

厭은 발음이 '업[一涉反]'이고. 또 '염[一冉反]'으로도 발음한다. 《광아廣雅》에는 "엽厭은 '진鎭(진압하는 것)'이다."라고 했다.

【索隱】 厭音一涉反 又一冉反 廣雅云 厭 鎭也

② 芒碭망탕

서광은 "망芒은 지금의 임회현臨淮縣이다. 탕현碭縣은 양梁에 있다."고 했다. 배인이 상고해보니 응소는 "망芒과 탕현의 경계에는 산택山澤의 지세가 험준해서 그 사이에 숨었다."고 했다.

【集解】 徐廣曰 芒 今臨淮縣也 碭縣在梁 駰案 應劭曰 二縣之界有山澤之固 故隱於其閒也

《괄지지》에는 "송주宋州 탕산현碭山縣은 주州의 동쪽 150리에 있는데 본래는 한漢나라의 탕현이다. 탕산碭山은 현의 동쪽에 있다."고 했다.

【正義】 括地志云 宋州碭山縣在州東一百五十里 本漢碭縣也 碭山在縣東

망산과 탕산을 가리킨다. 망산과 탕산은 고조가 뱀을 베어 죽였던 곳이고 봉기를 일으켰던 곳으로 유명하다. 지금의 하남성河南省 영성永城시 동북쪽에 있다. 망산은 북쪽에, 탕산은 남쪽에 가까이 위치하고 있다.

③ 雲氣운기

정의 《경방역전京房易傳》〈비후飛候〉에는 "무엇으로써 현인이 숨어
있는 것을 알겠는가? 안사고가 이르기를 '사방에 항상 큰 구름大雲이 있
는데 오색을 갖추었지만 비는 오지 않는데 그 아래에 현인이 숨어 있다'
고 한다."고 했다. 그래서 여후呂后가 운기雲氣를 바라보고 찾은 것이다.
【正義】 京房易飛候云 何以知賢人隱 顔師古曰 四方常有大雲 五色具而不
雨 其下有賢人隱矣 故呂后望雲氣而得之

④ 故從往常得季고종왕상득계

신주 《신역사기》에 "서부원은 '고조가 숨은 곳을 여태후에게 어찌
말하지 않았으랴? 숨되 찾고, 찾되 기이하게 해서 모두 대중들을 동요
動搖한 까닭이다. 생각해보니 가부可否의 진실은 이른바 '숨는[隱] 일'
과 '찾는[求] 일'을 가지고 오히려 알 수 없는 것이다. 아마도 모두 뒷사
람들이 날조했기 때문일 것이다."라고 했다. 이는 고조와 여후의 관계를
바늘과 실처럼 밀접하게 엮어서 훗날 둘의 공을 함께 높이기 위한 의도
였을 것이다.

진秦나라 2세二世 원년① 가을, 진승陳勝 등이 기현蘄縣에서 일어
나② 진陳 땅에 이르러③ 왕이 되어 나라 이름을 '장초張楚'라고
했다.④ 여러 군현郡縣에서 모두 그 곳의 장리長吏들을 죽이고 진
승에게 호응하는 자가 많았다. 패현 현령도 두려워서 패현으로
써 진섭에게 순응하고자 했다.

秦二世元年①秋 陳勝等起蘄② 至陳③而王 號爲張楚④ 諸郡縣皆多殺
其長吏以應陳涉 沛令恐 欲以沛應涉

① 秦二世元年진이세원년

집해 서광徐廣은 "고조高祖의 당시 나이 48세였다."고 했다.
【集解】 徐廣曰 高祖時年四十八

색은 응소應劭는 "진시황이 1대에서 1만대까지 이르려고 서로 물려
받지 못하게 하려는 뜻을 보인 것이다. 시始는 일一로 아들에 이르러서
2세二世라고 한다."라고 했다. 최호崔浩는 "2세二世는 진시황의 아들 호
해胡亥이다."라고 했다. 또 상고해보니 〈선문善文〉에서 은사隱士를 칭해
서 이르기를 "조고趙高가 2세二世를 위해 17명의 형을 죽이고 지금의
왕을 세웠다."라고 했으니 2세는 진시황의 18번째 아들이다.
【索隱】 應劭云 始皇欲以一至萬 示不相襲 始者一 故至子稱二世 崔浩云
二世 始皇子胡亥 又按 善文稱隱士云 趙高位(爲)二世殺十七兄而立今王 則

二世是第十八子也

신주 2세 황제의 원년은 서기전 209년이다. 2세 황제 호해胡亥는 서기전 210년~서기전 207년까지 3년을 재위하다가 스물네 살로 죽었다.

② 陳勝等起蘄진승등기기

색은 기蘄는 현 이름이다. 패沛에 속해 있다. 蘄는 '기機'로 발음하고, 또 '기旂'로도 발음한다.
【索隱】 蘄 縣名 屬沛 音機 又音旂

신주 진승·오광의 난을 말한다. 〈진섭세가〉에 보면 진승의 자字는 섭涉이고 기蘄는 진秦나라 현의 이름으로 지금의 안휘성安徽省 숙현宿縣 남쪽에 위치한다. 진승과 오광은 같은 하남 출신으로 호해가 보위에 오른 서기전 209년에 변방으로 징발되었다. 그러나 홍수 때문에 기한 내에 도착할 수 없게 되자 진승과 오광은 "도망가도 죽고, 봉기해도 죽으니 난을 일으켜 나라를 위해 죽는 편이 낫다."면서 인솔하는 병사들과 함께 봉기했다. 진승과 오광의 봉기는 진나라가 망하는 시발점이 되었다.

③ 至陳지진

신주 진나라 때의 지명이다. 황하문명의 중심지로 지금의 하남성河南城 회양현淮陽縣이다. 당시는 진군陳郡으로 여기에 군郡의 치소治所

가 있었다. 서주 때에는 진陳나라가 있었고, 춘추시대에는 초나라가 진나라를 멸망시키고 진현을 설치했다. 전국시대 때 초나라가 진秦나라에 함락 당하자 도읍을 진현으로 옮겨 초나라의 도읍으로 삼았던 곳이다.

④ 號爲張楚호위장초

신주 이기李奇의 말을 인용하여 "초나라를 크게 넓히려고 했기 때문에 '장초張楚'라고 이름을 지었다."라고 했다.

주리主吏인 소하蕭何와 옥연獄掾 조참曹參은[1] 이에 말했다.
"군君께서는[2] 진나라의 관리로 지금 배반하고자 하시면서 패현의 자제들을 거느리고 있는데 따르지 않을까 두렵습니다. 원컨대 군君께서 진을 배반해서 바깥으로 도망친 자들을 소환한다면[3] 수백 명을 얻을 수 있을 것입니다. 이로 인해서 무리들을 위협한다면[4] 무리들이 감히 듣지 않을 수 없을 것입니다."
이에 번쾌를[5] 시켜 유계劉季를[6] 불러오게 했다. 유계의 무리들이 이미 백 명 가까이 되었다.[7]

掾 主吏蕭何 曹參①乃曰 君②爲秦吏 今欲背之 率沛子弟 恐不聽 願君召諸亡在外者③ 可得數百人 因劫衆④ 衆不敢不聽 乃令樊噲⑤召劉季⑥ 劉季之衆已數十百人矣⑦

① 蕭何曹參소하조참

상고해보니 《한서》에 소하蕭何와 조참曹參의 〈전傳〉이 있다. 조참은 옥연獄掾이었고 소하는 주리主吏였다.

【索隱】 按 漢書蕭 曹傳 參爲獄掾 何爲主吏也

신주 옥연獄掾은 옥리獄吏 즉 옥사를 담당하는 하급관리이고 주리主吏는 서기書記로 문서를 담당하는 하급관리다. 〈소상국세가〉와 〈조상국세가〉에 상세히 기록되어 있다.

② 君군

신주 패현의 현령을 가리킨다. 군君은 2인칭이다.

③ 諸亡在外者제망재외자

신주 안사고는 "진나라 학정 때 세금과 사역使役이 번다하게 많아서 관리를 피해 도망간 이들이 있었다."고 했다. 이에 현령이 진나라를 배반해서 이들을 부른다면 다시 돌아올 수 있다는 말이다. 그래서 번쾌樊噲로 하여금 유계유방를 불러오게 한 것이다.

④ 因劫衆인겁중

색은 《설문說文》에는 "힘으로 위협하는 것이 '겁劫'이다."라고 했다.
【索隱】 說文云 以力脅之云劫也

⑤ 樊噲번쾌

신주 번쾌(서기전 242~서기전 189년)는 패沛현 사람으로 개를 도살하는 일을 했다. 후에 유방이 개국할 때 으뜸가는 공을 세워 무양후武陽侯에 봉해졌다. 홍문鴻門의 잔치에 항우의 책사 범증이 항장을 시켜 유방을 죽이려 할 때 그를 구했다. "저들은 칼과 도마이고 우리는 그 위의 물고기다."는 전례와 고사가 있다. 〈번쾌강관열전樊噲絳灌列傳〉에 상세히 기록되어 있다.

⑥ 劉季유계

신주 유방劉邦의 자字이다.

⑦ 數十百人수십백인

색은 《한서》에는 '수백인數百人'으로 되어 있다. 유백장劉伯莊은 "수가 10인에서 혹은 100인에 이르는 것을 말한다."라고 했으니 이는 100인 이하이다.
【索隱】 漢書作數百人 劉伯莊云 言數十人或至百人 則是百人已下也

이에 번쾌가 복종해서 유계가 왔다.[1] 패현의 현령은 후회하면서 이들이 변란을 일으킬까 두려워서 이에 성문을 닫고 성을 수비하고 소하와 조참을 처단하려 했다. 소하와 조참이 두려워하며 성을 넘어와 유계에게 보호를[2] 요청했다.

於是樊噲從劉季來[1] 沛令後悔 恐其有變 乃閉城城守 欲誅蕭 曹 蕭曹恐 踰城保[2]劉季

① 於是樊噲從劉季來어시번쾌종류계래

신주 이 문장은 '유계의 무리들이 이미 100명 가까이 되었다[劉季之衆已數十百人矣]'의 문장 앞에 놓여야 글의 순서가 맞는다.

② 保보

집해 위소韋昭는 "보장保障 받고자 했다."고 했다.
【集解】 韋昭曰 以爲保障

유계는 곧 비단에 글을 써서 성 위로 쏘아 패현의 부로들에게 말했다.

"천하가 진나라에 고통당한 지 오래입니다. 지금 부로父老들께서 비록 패현의 현령을 위해 성을 지키고 있지만 제후들이 함께 일어났으니 지금 패현은 도륙될① 것입니다. 패현에서 지금 함께 현령을 주벌하고 자제들 중 세울 만한 자를 가려서 수장으로 세워 제후들과 호응한다면 집안은 완전할 것입니다. 그렇지 않으면 부자가 함께 쓸모없이② 도륙될 것입니다."

부로들이 이에 자제들을 거느리고 함께 패현의 현령을 죽이고③ 성문을 열어 유계를 맞이하고는 패현의 현령으로 삼고자 했다.

劉季乃書帛射城上 謂沛父老曰 天下苦秦久矣 今父老雖爲沛令守 諸侯並起 今屠沛① 沛今共誅令 擇子弟可立者立之 以應諸侯 則家室完 不然 父子俱屠 無爲②也 父老乃率子弟共殺沛令③ 開城門迎劉季 欲以爲沛令

① 屠沛도패

색은 상고해보니 범엽范曄은 "성城을 무너뜨리면 주살당하는 자가 많았다. 그래서 '도屠'라고 일렀다."고 했다.

【索隱】 按 范曄云 剋城多所誅殺 故云屠也

② 無爲무위

여기서의 무위無爲란 도교에서 말하는 무위가 아니라 단순히 '하는 것이 없는, 쓸모없는' 따위의 가치 없는 행위를 말한다.

③ 父老乃率子弟共殺沛令부로내솔자제공살패령

고조가 패현沛縣의 부로들에게 위협과 회유로 스스로 패현의 현령을 죽이게 함으로써 싸우지 않고 승리를 거두었다. 이를 병법에 적용한다면 지상매괴指桑罵槐의 병법이다. 이 병법은 36계 중 26계로 우회적인 방법을 이용하여 상대에게 위협을 가해 복종하게 하는 계책이다.

유계가 말했다.

"천하가 바야흐로 소란해져 제후들이 함께 일어났으니 지금 뛰어나지 못한 사람을 장수로 쓰면 한 번에 무너져 피로 땅을 물들일 것이오.[①] 내가 감히 스스로를 사랑해서가 아니라 재주가 박해서[②] 부형과 자제들을 온전하게 하지 못할까 두렵습니다. 이것은 대사大事이니 원컨대 다시 서로 좋은 자를 가려 추천하는 것이 좋을 것입니다."

劉季曰 天下方擾 諸侯並起 今置將不善 壹敗涂地[①] 吾非敢自愛 恐能薄[②] 不能完父兄子弟 此大事 願更相推擇可者

① 壹敗塗地일패도지

색은 하루아침에 패배 당해서 간肝과 뇌腦로 땅을 칠하게 될 것을
이른 것이다.
【索隱】 言一朝破敗 使肝腦塗地

신주 일본의 농천瀧川은 "땅을 칠한다는 것[塗地]은 땅을 버리는 것
과 같은 말로, 일이 한 번 무너지면 다시는 수습할 수 없다."는 뜻이라고
했다. 여기에서 일패도지壹敗塗地라는 사자성어가 나왔다. 한번 무너지
면 다시 일어날 수 없다는 뜻이다.

② 能薄능박

정의 능能은 재능才能이다. 고조高祖는 재능이 박하고 용렬해서 그
무리들을 완전하게 할 수 없다고 겸손하게 말한 것이다. 능能이라는 것
은 짐승인데 형체와 색채는 곰과 같고 발은 사슴과 같다. 그것은 속이
단단하고 강력하기에 재능이 있는 사람을 모두 능能하다고 이르는 것
이다.
【正義】 能 才能也 高祖謙言材能薄劣 不能完全其衆 能者 獸 形色似熊 足
似鹿 爲物堅中而強力 人之有賢才者 皆謂之能也

소하와 조참 등은 모두 문관[文吏]이고 스스로를 아껴서[1] 일을 성취하지 못하면 뒤에 진秦나라가 그 가족을 멸족시킬까 두려워서[2] 모두 유계에게 자리를 사양했다. 여러 부로들이 모두 말했다. "평생 들은 바로는 유계에게는 여러 진귀하고 괴이한 일들이 있다고 했으니 마땅히 귀하게 될 것이며 또 점을 쳐보아도 유계보다 더 길한 자는 없었습니다."

이에 유계는 여러 번 사양했다. 그러나 감히 하려는 자가 없어서 이에 유계를 세워 패공沛公으로[3] 삼았다. 유계는 황제黃帝에게 제사를 올리고, 패현의 관청 뜰에서 치우蚩尤에게 제사를 지내고[4] 희생을 죽여서 북과 기장旗章에 피를 발랐고,[5] 깃발은[6] 모두 적색으로 했다.

蕭 曹等皆文吏 自愛[1] 恐事不就 後秦種族其家[2] 盡讓劉季 諸父老皆曰 平生所聞劉季諸珍怪 當貴 且卜筮之 莫如劉季最吉 於是劉季數讓 衆莫敢爲 乃立季爲沛公[3] 祠黃帝 祭蚩尤[4] 於沛庭 而釁鼓[5]旗 幟[6]皆赤

① 蕭曹等皆文吏自愛소조등개문리자애

신주 명나라의 진인석陳仁錫(1581~1636)은 "유계가 스스로 사랑하는 것은 천하를 사랑하는 것이고, 문리文吏가 스스로 사랑하는 것은 자기 한 몸을 사랑하는 것이다."고 했다. 따라서 소하, 조참 등은 문리文吏여서 잘못되면 자신과 가족에게 화가 미칠 것을 우려해 현령으로 나아가지 못함을 가리킨 것이다.

② 種族其家종족기가

신주 　멸문지화를 뜻한다. 중국 고대에는 그 가족뿐만 아니라 그 집안의 고용인과 노예까지도 연좌시켜 죽이는 경우가 드물지 않았다.

③ 沛公패공

집해 　서광은 "9월의 일이다."라고 했다. 배인裵駰이 상고해보니 《한서음의漢書音義》에는 "옛날 초楚나라는 참람하게 왕王을 칭하고 그 현재縣宰(현의 수령)는 공公이라고 했다. 진섭陳涉이 초왕楚王이 되자 패공沛公이 일어나 진섭에게 응했다. 그래서 초나라의 제도를 따라서 공公이라고 칭한 것이다."라고 했다.
【集解】 徐廣曰 九月也 駰案 漢書音義曰 舊楚僭稱王 其縣宰爲公 陳涉爲楚王 沛公起應涉 故從楚制稱曰公

④ 黃帝祭蚩尤황제제치우

집해 　응소는 《좌전左傳》에는 황제黃帝가 치우蚩尤와 판천阪泉에서 싸워 천하를 평정했다. 치우는 오병五兵을 좋아했다. 그래서 제사를 지내 복과 상서를 구하는 것이다."라고 했다. 신찬臣瓚은 "관중管仲이 '할로산割盧山에서 섞여서 물이 나오는데 금金도 따라서 나오므로 치우가 이를 받아 칼과 창을 만들었다'고 했다."
【集解】 應劭曰 左傳曰 黃帝戰於阪泉 以定天下 蚩尤好五兵 故祠祭之求

福祥也 瓚曰 管仲云 割盧山交而出水 金從之出 蚩尤受之以作劍戟

상고해보니 《관자》에는 "갈로산葛盧山을 개발하면 금金이 나온
다."라고 했다. 지금 주석에서 인용한 '발發'은 '교交'와 '할割'로 되어있
는데 모두 잘못된 것이다.
【索隱】 按 管子云 葛盧之山 發而出金 今注引發作交及割 皆誤也

치우는 동이족의 수령으로서 황제와 싸움에서 패했지만 군신
軍神으로 모셔져 유방도 봉기할 때 제사를 지냈고 이후에도 중국은 전
쟁에 나갈 때 치우에게 제사를 지냈다.

⑤ 釁鼓흔고

응소는 "흔釁(피를 칠하는 것)은 제祭이다. 희생을 죽여서 그 피
를 북에 바르는 것을 흔釁이라고 한다."라고 했다. 신찬은 《예기禮記》와
《대대례大戴禮》를 상고해보니 흔묘釁廟하는 예는 있었지만 모두 제사는
없었다."라고 했다.
【集解】 應劭曰 釁 祭也 殺牲以血塗鼓曰釁 瓚曰 案禮記及大戴禮有釁廟
之禮 皆無祭事

《설문說文》에는 "흔釁은 '혈제血祭(피로써 지내는 제사)'이다."라고
했다. 사마법司馬法은 "비고鼙鼓에 피를 칠하는 것은 병기兵器를 신성하
게 여기는 것이다."라고 했다. 안사고顏師古는 "무릇 희생을 죽여서 혈제

血祭를 지내는 것은 모두 이름을 흔釁이라고 한다."고 했다. 신찬이 "모두 제사 지낸 일이 없다."고 한 것은 잘못된 것이다. 또 옛 사람들古人은 새로이 종鐘이나 정鼎을 만들면 역시 반드시 피를 칠했다. 응소는 "흔釁은 흔聯(피 칠하다)이라고도 부른다."고 했다. 마융馬融은《주례》주석에서 거북 껍질을 태워서 그 조짐을 본다면서, "그 형상이 옥玉이나 와瓦나 원原의 갈라진 틈과 비슷하기에 이를 이름으로 썼다."고 했다. 이러한 설명도 모두 그른 것이다. 墵는 발음이 '하[火稼反]'이다.

【索隱】 說文云 釁 血祭也 司馬法曰 血于鼙鼓者 神戎器也 顏師古曰 凡殺牲以血祭者 皆名爲釁 臣瓚以爲皆無祭事 非也 又古人新成鐘鼎 亦必釁之 應劭云 釁呼爲聯 馬融注周禮灼龜之兆云 謂其象似玉 瓦 原之釁墵 是用名之 此說皆非 墵音火稼反

신주 鼙鼓비고의 비鼙는 마상고馬上鼓로써 기병이 말 위에서 치는 작은 북을 뜻한다.

⑥ 幟치

색은 묵적墨翟은 "치幟는 비단의 길이가 열다섯 자이고 넓이는 반폭이다."라고 했다. 〈자고字詁〉에는 "치幟는 표標이다."라고 했다.《자림字林》에는 "웅기熊旗는 오유五斿인데 사졸士卒과 함께 그 아래에서 기약하는 것을 이른다. 그래서 기旗이다."라고 했다. 치幟는 혹은 '지識'로 되어 있거나 혹은 '지志'로 되어 있다. 혜강嵇康은 '시試'로 발음한다고 했고 소해蕭該는 '치熾'로 발음한다고 했다.

【索隱】 墨翟云 幟 帛長丈五 廣半幅 字詁云 幟 標也 字林云 熊旗五斿 謂
與士卒爲期於其下 故曰旗也 幟 或作識 或作志 嵇康音試 蕭該音熾

지난번에 죽인 뱀이 백제白帝의 아들이고 죽인 자는 적제赤帝의
아들이므로 그래서 붉은 색을 높인 것이다.[①] 이에 소하와 조참,
번쾌 같은 젊고 호걸스런 관리들이 패현의 자제들 2~3,000여
명을 모아서 호릉胡陵과[②] 방여方與를[③] 공격하고 돌아와서 풍읍
豐邑을 지키게 했다.[④]

由所殺蛇白帝子 殺者赤帝子 故上赤[①] 於是少年豪吏如蕭 曹 樊噲
等皆爲收沛子弟二三千人 攻胡陵[②] 方與[③] 還守豐[④]

① 上赤상적

신주 붉은 색을 숭상한다는 뜻이다. 붉은 색은 오행五行으로 화火에
해당되고, 방향은 남쪽, 계절은 여름을 나타낸다.

② 胡陵호릉

색은 등전鄧展은 "현 이름이고 산양山陽에 속했는데 한漢나라 장제
章帝가 호릉胡陵이라고 고쳤다."라고 했다.
【索隱】 鄧展曰 縣名 屬山陽 章帝改曰胡陸

호릉은 진나라 때의 현으로 지금의 산동성山東省 어태현魚台縣 동남쪽에 비정한다.

③ 方與방여

정덕鄭德이 이르기를 "방여房豫라고 발음하는데 산양山陽군에 소속되었다."라고 했다.
【集解】 鄭德曰 音房豫 屬山陽郡

정현은 "산양山陽에 속해 있다."라고 했다.
【索隱】 鄭玄曰 屬山陽也

방여房豫는 진나라 때의 현으로 지금의 산동성 어태현魚台縣 서쪽으로 비정한다.

④ 還守豐환수풍

청나라 양옥승梁玉繩은 "살펴보니 〈월표月表〉에 2세 2년 10월 이라고 했고, 《한기漢紀》도 이와 동일하다. 이는 잘못된 것으로 2세 원 년의 일이다."라고 했다.

먼저 관중을 평정한 자가
왕이 되다

진秦나라 2세二世 2년, 진섭陳涉의 장군 주장周章의[1] 군대가 서쪽으로 희戱까지 갔다가 돌아왔다.[2] 연燕과 조趙와 제齊와 위魏가 모두 스스로 서서 왕王이 되었다.[3] 항씨項氏들이 오吳 땅에서 봉기했다.[4] 진나라의 사천군감泗川郡監 평平이[5] 군사를 거느리고 풍豊을 포위했는데 이틀 후에 (유계가) 나가 싸워서 쳐부수었다.

秦二世二年 陳涉之將周章[1]軍西至戱而還[2] 燕 趙 齊 魏皆自立爲王[3] 項氏起吳[4] 秦泗川監平[5]將兵圍豊 二日 出與戰 破之

① 周章주장

색은 응소는 "장章의 자字는 문文이고 진陳나라 사람이다."라고 했다.
【索隱】 應劭云 章字文 陳人

진승陳勝의 부장副將이다.

② 戲而還희이환

문영文穎은 "희戲는 신풍新豐 동쪽 20리 희정戲亭의 북쪽에 있다."고 했다. 맹강孟康은 "희戲는 강 이름이다."라고 했다. 또 《술정기述征記》에는 "희수戲水는 여산驪山 풍공곡馮公谷 북쪽에서부터 흘러서 희정戲亭을 거쳐서 동쪽으로 위수渭水로 들어간다."고 했다. 상고해보니 지금 그 물의 동쪽에 희역戲驛이 존재하고 있었다.

【索隱】 文穎云 在新豐東二十里戲亭北 孟康云 水名也 又述征記云 戲水自驪山馮公谷北流 歷戲亭 東入渭 按 今其水東惟有戲驛存

환還은 장함章邯에게 패배하고 돌아왔다는 뜻이다. 邯은 발음이 '함邯'이다.

【索隱】 爲章邯所破而還 邯音邯

〈진섭세가〉에 보면 주장周章은 진秦나라 진승의 명에 따라 군사를 이끌고 서쪽으로 관중에 들어가서 희수戲水에 이르러 진秦의 장수 장함章邯과의 싸움에서 패했다. 동쪽의 민지澠池로 물러나서 다시 장함에게 격파당하고 자살했다. 희戲는 강 이름이고 희수이다.

③ 燕趙齊魏皆自立爲王연조제위개자립위왕

상고해보니 《한서》〈고조본기〉에는 진나라 2세二世 2년 8월에 무신武臣이 자립해서 조왕趙王이 되었고 전담田儋이 자립해서 제왕齊王이 되었고 한광韓廣이 자립해서 연왕燕王이 되었고 위구魏咎가 자립해서 위왕魏王이 되었다고 했다.

【索隱】 按 漢書高紀 二世二年八月 武臣自立爲趙王 田儋自立爲齊王 韓廣自立爲燕王 魏咎自立爲魏王也

④ 項氏起吳항씨기오

초나라가 멸망하고 항량이 진나라에 사로잡혀 역양현櫟陽縣에서 포로가 되었을 때, 기현蘄縣의 옥리 조구曹咎와 역양의 옥리 사마흔司馬痕의 도움으로 석방되었다. 그 뒤 조카 항우와 오중吳中(지금의 강소성 소주시)으로 도망쳐, 그곳에서 항우에게 병법을 가르치는 한편, 민심을 모아 자신의 세력을 키웠다. 서기전 209년 7월 진승이 대택大澤에서 진나라에 반기를 들자 항우는 9월에 회계 태수 은통殷通을 죽이고 그 인수印綬를 빼앗아 회계군의 병력을 장악한 뒤 강동 지역을 근거로 거사했는데, 이를 말한다.

⑤ 泗川監平사천감평

문영은 "사천泗川은 지금의 패군沛郡인데, 고조高祖가 이름을 패沛라고 고쳤다."고 했다. 진秦나라 때는 어사御使가 군郡을 감독했는데 지금의 자사刺史와 같다. 평平은 이름이다.

【集解】 文穎曰 泗川 今沛郡也 高祖更名沛 秦時御史監郡 若今刺史 平
名也

여순은 "진秦나라가 천하를 병탄하고 36개 군郡으로 만들어
태수太守, 위尉, 감監을 두었다. 그래서 여기에 '감평監平'이란 말이 있는
것이다. 아래에 '수장守壯'이 있으므로 곧 평平이나 장壯은 모두 이름이
다."라고 했다.

【索隱】 如淳云 秦幷天下爲三十六郡 置守 尉 監 故此有監平 下有 守壯 則
平 壯皆名也

옹치雍齒에게[1] 명령해 풍豊을 지키게 하고 군사를 인솔하고 설
薛 땅으로 갔다. 사주태수 장壯이[2] 설 땅에서 패배하고 달아나
척戚[3] 땅에 이르렀는데, 패공의 좌사마가 사천군수 장을 잡아서
죽였다.[4]
命雍齒[1]守豊 引兵之薛 泗州守壯[2]敗於薛 走至戚[3] 沛公左司馬得泗
川守壯 殺之[4]

---

① 雍齒옹치

유방劉邦의 부장副將이다. 유방이 어려울 때 풍읍에서 진승의
사주를 받은 위나라 사람 주불周市에게 회유 당해 유방을 배신하고 위

나라에 항복했다가 항우에게 투항했다. 그후 옹치가 조趙나라에 속했다가 유방에게 투항했는데 유방은 벌하는 대신 오히려 십방후什方侯에 봉하고 식읍 2,500호를 하사해 '옹치봉후雍齒封侯'라는 성어가 생겼다. 가장 미워하는 사람에게 요직을 주어 다른 장수의 불만을 무마시킨 계책을 비유한다.

② 守壯수장

집해 여순은 "장壯은 이름이다."라고 했다.
【集解】 如淳曰 壯 名也

③ 戚촉

집해 여순은 "戚은 발음이 '작[將毒反]'이다.'고 했다.
【集解】 如淳曰 戚音將毒反

색은 진작은 "동해현東海縣이다."라고 했다. 정덕鄭德과 포개包愷는 함께 '독讀'자로 읽었다. 이등李登은 발음이 '칩[千笠反]'이라고 했다.
【索隱】 晉灼云 東海縣也 鄭德 包愷並如字讀 李登音千笠反

정의 《괄지지》에는 "기주沂州 임기현臨沂縣에 한漢나라의 촉현戚縣의 고성이 있다." 〈지리지〉에는 "임기현臨沂縣은 동해군東海郡에 속한다."고 했다.

【正義】 括地志云 沂州臨沂縣有漢戚縣故城 地理志云臨沂縣屬東海郡

④ 左司馬得泗川守壯殺之좌사마득사천수장살지

색은 안사고顏師古는 "득得은 사마司馬의 이름이다."라고 했는데 잘
못된 것이다. 상고해보니 후에 "좌사마 조무상曹無傷이다."라고 했다. 이
문장 이하부터는 다시 바꾼 것이 보이지 않았다. 대개 이는 좌사마 무
상無傷이 사천군수泗川郡守장을 잡아서 죽인 것일 뿐이다.

【索隱】 顏師古云 得 司馬之名 非也 按 後云 左司馬曹無傷 自此已下更不
見替易處 蓋是左司馬無傷得泗川守壯而殺之耳

신주 得은 '사로 잡다'의 뜻이다. 당시 패공의 좌사마는 조무상曹無
傷이었다. 조무상은 남을 헐뜯는 사람을 비유할 때 쓰는 말로 그 이유
는 항우에게 유방을 참소했던 사람이기 때문이다. 〈항우본기〉에 기록
되어 있다.

패공은 강보亢父①에서 군사를 돌려 방여方與에 이르렀으나 주불이② 방여를 공격하러 올 때까지 싸움이 일어나지 않았다. 진왕이 위나라 사람 주불周市을 시켜 위나라 땅을 공략하게 했다.③ 주불이 사람을 시켜 옹치에게 일러 말했다.

"풍豐은 옛날 양梁나라가 옮겼던 곳이다.④ 지금 위나라에서 평정한 땅이 이미 수십여 성이다. 옹치가 지금 위나라에 항복한다면 위나라는 옹치를 후侯로 삼아 풍을 지키게 할 것이다. 항복하지 않으면 장차 풍을 도륙할 것이다."

沛公還軍亢父① 至方與 周市②來攻方與未戰 陳王使魏人周市略地③ 周市使人謂雍齒曰 豐 故梁徙也④ 今魏地已定者數十城 齒今下魏 魏以齒爲侯守豐 不下 且屠豐

① 亢父강보

집해 정덕鄭德은 "강亢의 음에 대해서 사람들은 서로 '강'이라고 답한다[亢音人相亢答], 父의 발음은 '보甫'다. 임성군壬城郡에 속했다."라고 했다.

【集解】 鄭德曰 亢音人相亢答 父音甫 屬任城郡

색은 옛날 음은 '항'은 '강剛'이었다. 유백장劉伯莊과 포개包愷는 모두 발음이 '강[苦浪反]'이라고 했다.

【索隱】 舊音剛 劉伯莊 包愷並同音苦浪反

'강剛'으로 발음하고, 또한 '강[苦浪反]'이다. 《괄지지》에는 "강보亢父는 현縣이고 패공沛公이 이곳에 군사를 주둔시켰다."고 했다.

【正義】 音剛 又苦浪反 括地志云 亢父 縣也 沛公屯軍於此也

강보亢父는 진나라 현으로 지금의 산동성 제령시濟寧市로 비정한다.

② 周市주불

진승陳勝의 부장副將으로 원래는 위魏나라 사람이었으나 진승에게 투항해 진승의 부장이 되었다. 이후 위나라 군사를 격파시키는 공적을 세웠으나 장함의 군대에게 임제에서 대패해 전사하였다.

③ 陳王使魏人周市略地진왕사위인주불략지

청나라 양옥승은 조태상趙太常의 말을 인용해서 "진왕사위인주불략지陳王使魏人周市略地의 아홉 자는 마땅히 '주불래공방여周市來攻方與'의 앞으로 옮겨야 글이 순하고 명료해진다."고 말했다. 즉 '진왕이 위나라 사람 주불로 하여금 땅[方與]을 침략하게 했으나 주불이 방여에 이를 때까지 싸움이 일어나지 않았다[陳王使魏人周市略地, 周市來攻方與, 未戰]'라고 해야 한다고 말한 것이다.

④ 豊故梁徙也풍고량사야

집해 문영文穎은 "양혜왕梁惠王의 손자 가假는 진秦나라에 멸망당하고 전전하다가 동쪽 풍豐 땅으로 이사했다. 그래서 풍豐을 양梁나라가 옮겼던 곳이다."라고 했다.

【集解】 文穎曰 梁惠王孫假爲秦所滅 轉東徙於豐 故曰 豐 梁徙

신주 양梁나라는 전국시대 중기 이후의 위魏나라인데, 대량大梁으로 천도해서 양梁나라로 불렸다.

옹치는 원래① 패공에게 속하고 싶지 않았는데 위나라에서 초청하자 곧 패공을 배반하고 위나라를 위해 풍을 수비했다. 패공이 군사를 이끌고 풍을 공격했지만 빼앗지 못했다. 패공은 병이 들어 돌아와 패현으로 돌아갔다. 패공은 옹치와 풍현의 자제들이 배반한 것을 원망하고 있었는데 동양東陽의② 영군甯君과 진가秦嘉가③ 경구景駒를 임시 왕으로 세우고④ 유留⑤ 땅에 있다는 소식을 들었다. 이에 패공이 곧 그들을 쫓아가서 군사를 요청하고 풍읍을 공격하려 했다.

雍齒雅①不欲屬沛公 及魏招之 卽反爲魏守豐 沛公引兵攻豐 不能取 沛公病 還之沛 沛公怨雍齒與豐子弟叛之 聞東陽②甯君 秦嘉③立景 駒爲假王④ 在留⑤ 乃往從之 欲請兵以攻豐

① 雅아

복건은 "아雅는 '고故'이다."라고 했다. 소림蘇林은 "아雅는 소素이다."라고 했다.

【集解】 服虔曰 雅 故也 蘇林曰 雅 素也

② 東陽동양

동양현東陽縣은 지금의 안휘성安徽省 천장시天長市 서북쪽으로 비정한다.

③ 秦嘉진가

집해 문영은 "진가秦嘉는 동양군東陽郡 사람이다. 영현군甯縣君이 되었다."고 했다. 신찬은 《진승전陳勝傳》에 이르기를 '광릉廣陵 사람 진가秦嘉이다.'라고 했다. 그렇다면 진가는 동양군 사람이 아니다. 진가가 처음 군사를 담郯에서 일으켜 대사마大司馬라고 일컬은 것이지 또 영현군이라고 하지는 않았다. 동양영군東陽甯君은 자체로 한 사람이고 진가도 또한 자체로 한 사람이다."라고 했다.

【集解】 文穎曰 秦嘉 東陽郡人也 爲甯縣君 瓚曰 陳勝傳曰 廣陵人秦嘉 然則嘉非東陽人也 秦嘉初起兵於郯 號曰大司馬 又不爲甯縣君 東陽甯君自一人 秦嘉又自一人

색은 신찬은 두 사람이라고 했다. 상고해보니 뒤의 문장에서 곧바로 '동양東陽과 영군甯郡'이라고 이르고 또 따로 '진가秦嘉'라고 말했으니 신찬의 설명이 설득력을 얻었다. 안사고는 영甯은 성씨이고 군君이란 당시의 사람들이 '군君'이라고 불렀을 뿐이라고 했다.

【索隱】 臣瓚以爲二人 按 下文直云 東陽甯君 又別言秦嘉 明臣瓚之說爲得 顔師古以甯是姓 君者 時人號曰君耳

④ 立景駒爲假王입경구위가왕

신주 가왕假王은 임시로 세운 왕을 말한다. 진승이 장함의 공격을 받아 무너지고 부하들에게 살해되자. 영군甯君과 진가秦嘉가 경구景駒를 임시 왕으로 세운 것을 이른다.

⑤ 留류

색은 위소는 "지금의 팽성 유현留縣이다."라고 했다.
【索隱】 韋昭云 今彭城留縣也

정의 《괄지지》에는 "유성留城은 서주徐州 패현沛縣 동남쪽 50리에 있으며 곧 장량張良을 봉한 곳이다."라고 했다.
【正義】 括地志云 留城在徐州沛縣東南五十里 卽張良所封處

이때 진秦나라 장수 장함은 진陳(진승의 군대)나라를 추격했는데 그의 별장 사마니司馬尼가[①] 군사를 이끌고 북쪽으로 초나라의 땅을 평정하고 상相현을 도륙하고 탕碭현에 이르렀다.[②] 동양東陽의 영군寗君과 패공은 군사를 이끌고 서쪽으로 가 소蕭현[③] 서쪽에서 함께 싸웠는데 전세가 불리했다. 군사를 거두어 돌아가서 유현에 모였다가 군사를 인솔하고 탕현을 공격한[④] 지 3일 만에 탕현을 빼앗았다. 이로써 탕현 군사들을 거두었는데 5~6,000명이나 되었다. 하읍下邑을[⑤] 공격해 빼앗고[⑥] 군사들을 풍읍으로 되돌렸다.[⑦]

是時秦將章邯從陳 別將司馬𣱛[①]將兵北定楚地 屠相 至碭[②] 東陽寗君 沛公引兵西 與戰蕭[③]西 不利 還收兵聚留 引兵攻碭[④] 三日乃取碭 因收碭兵 得五六千人 攻下邑[⑤] 拔之[⑥] 還軍豐[⑦]

① 司馬𣱛사마니

[집해] 여순은 "진섭陳涉을 뒤쫓아간 장수이다. 진섭이 진陳에 있으면서 그의 장군들을 서로 나누어 다른 곳을 차지하게 하고는 모두 진陳이라고 일컫게 했다. 니𣱛는 장함章邯의 사마司馬이다."라고 했다.

【集解】 如淳曰 從陳涉將也 涉在陳 其將相別在他許 皆稱陳 𣱛 章邯司馬

[색은] 장함章邯이 진陳의 별장別將들을 따라가자 장병들이 다른 곳으로 향했는데 사마니司馬𣱛를 보내서 군사를 거느리고 북쪽 초楚나라

땅을 평정하게 한 것을 이른다. 그래서 여순이 "니르는 장함의 사마이다."라고 한 것이다. 공문상孔文祥은 또한 "장함이 따로 사마니를 파견해 상相을 도륙했다."고 했다. 또 일설에는 "따랐다는 것從은 좇았다는 것을 이른 것인데, 장함이 진陳의 별장들을 토벌하고, 사마니는 따로 군사를 인솔하고 북쪽으로 가서 초나라 땅을 평정한 것을 말한 것이다."라고 했다. 또한 뜻이 통한다.

【索隱】 謂章邯從陳別將 將兵向他處 而遣司馬尼將領兵士 北定楚地 故如淳云 尼 章邯司馬 也 孔文祥亦曰 邯別遣尼屠相 又一說云 從謂追逐之 言章邯討逐陳別將 而司馬尼別將兵北定楚 亦通

② 屠相至碭도상지탕

색은 위소는 "상相은 패현沛縣이다."라고 했다. 응소는 "탕碭은 양국梁國에 속했다."라고 했다. 소림蘇林은 "탕은 '당唐'으로 발음하는데, 또한 '탕宕'으로도 발음한다."고 했다.

【索隱】 韋昭云 相 沛縣 應劭曰 碭屬梁國 蘇林音唐 又音宕

정의 《괄지지》에는 "옛 상성相城은 서주徐州 부이현符離縣 서북쪽 90리에 있다. 탕碭은 송주宋州 동쪽 150리에 있다."고 했다.

【正義】 括地志云 故相城在徐州符離縣西北九十里 碭在宋州東一百五十里

신주 상相은 진秦나라 현으로 지금의 안휘성安徽省 수계현濉溪縣 서북쪽으로 비정한다.

③ 蕭소

위소는 "소蕭와 패沛는 현 이름이고 소현蕭縣 서쪽에 있다."고
했다.

【索隱】 韋昭云 蕭 沛之縣名 謂在蕭縣之西也

소현蕭縣 고대 중국의 소국蕭國으로 지금의 안휘성安徽省 북단
으로 비정한다.

④ 引兵攻碭인병공탕

영군甯君과 패공이 이곳을 공격한 때가 진 2세 2년(서기전 208)
2월이다.

⑤ 下邑하읍

위소는 "현 이름이고 양국梁國에 속한다."고 했다.

【索隱】 韋昭云 縣名 屬梁國

下邑하읍은 지금의 안휘성安徽省 탕산碭山 동쪽으로 비정한다.

⑥ 拔之발지

상고해보니 범엽范曄은 "성城을 얻은 것이 발拔이다."라고 했다.
【索隱】 按 范曄云 得城爲拔 是也

⑦ 還軍豐환군풍

《신역사기》에 "《사기》에는 '군사를 되돌려 풍豐읍을 공격했다'고 하고 《한서》에는 '돌아와 풍읍을 쳤으나 항복하지 않았다'고 했다. 상고해보니 《한서》의 기술이 분명하고 명확하다."고 했다.

항량項梁이 설薛① 땅에 있다는 소식을 듣고 100여 명의 기마병을 따르게 해 가서 만나보았다.② 항량이 패공에게 졸병 5,000명과 오대부五大夫의 장수 10여 명을③ 보태주었다. 패공이 돌아와④ 군사를 이끌고 풍읍을⑤ 공격했다.

聞項梁在薛① 從騎百餘往見之② 項梁益沛公卒五千人 五大夫將十人③ 沛公還④ 引兵攻豐⑤

---

① 薛설

지금의 서주徐州 등현滕縣이며 옛 설성薛城이다.
【正義】 今徐州滕縣 故薛城也

② 往見之왕견지

集解 서광은 "3월이다."라고 했다.

【集解】 徐廣曰 三月

신주 유방이 항량을 가서 만난 것이 3월이라는 뜻이다.

③ 五大夫將十人오대부장십인

集解 소림蘇林은 "오대부五大夫는 9등급의 작위이다. 오대부五大夫로 장군將軍이 된 자가 모두 10인이다."라고 했다.

【集解】 蘇林曰 五大夫 第九爵也 以五大夫爲將 凡十人也

신주 상앙은 1차 변법에서 가족분이家族分異, 십오연좌什伍連坐, 군공작위軍功爵位, 불고간요참不告姦腰斬, 존비·작위·등급의 규정明尊卑爵秩等級 등을 제정해 국가 내부를 정비하는데 힘을 기울였다. 그는 존비·작위·등급을 규정하여 20 등급으로 나누고 등급에 따라 작위와 관직, 주택, 처첩, 복장 등에 차등을 뒀는데, 특히 노비 신분일지라도 공을 세우면 높은 자리에 올라갈 수 있게 했다. 진한秦漢시대 작위의 20개 등급은 1) 공사公士 2) 상조上造 3) 잠요簪褭 4) 불경不更 5) 대부大夫 6) 관대부官大夫 7) 공대부公大夫 8) 공승公乘 9) 오대부五大夫 10) 좌서장左庶長 11) 우서장右庶長 12) 좌경左更 13) 중경中更 14) 우경右更 15) 소상조少上造 16) 대상조大上造 17) 사거서장駟車庶長 18) 대서장大

庶長 19) 관내후關內侯 20) 열후列侯다. 그 중 제1급 공사公士에서 제8급 공승公乘까지는 낮은 작위이며, 대부분 일반 사민士民들에게 내리는 벼슬이었고 제9급 오대부五大夫부터 제19급 관내후關內侯까지는 높은 벼슬로, 주로 관리나 공신들에게 내렸다. 열후列侯는 가장 높은 등급으로 명문 귀족이나 종친, 나라에 큰 공적이 있는 자 만이 받을 수 있었는데, 열후에게는 봉국封國이 있어서 호구 수가 보유하고 있는 토지와 생산량에 따라 조세를 징수했다. 이를 식읍食邑이라 했다.

④ 沛公還패공환

신주 고조는 패沛현과 풍豐읍으로써 근거지로 삼아 대사를 일으키려 했다. 그 후 옹치에게 풍읍을 맡겼으나 그의 옹치의 배반으로 위나라로 넘어갔다. 이에 항량에게 원병을 요청하여 풍읍으로 돌아와 여러 번 공격했지만 함락시키지 못했던 것을 말하는 것이다.

⑤ 豐풍

집해 서광은 "〈표表〉에 '함락시키자 옹치雍齒가 위魏나라로 달아났다'고 했다."고 했다.

【集解】 徐廣曰 表云 拔之 雍齒奔魏

항량을 따라 다닌 지 한 달 남짓 되었는데 항우가 벌써 양성襄城을⑥ 빼앗고 돌아왔다. 항량이 별장들을 모두 불러 설薛현에 있게 했다. 진왕陳王이 죽었다는 소문을 들은 항량은 이를 계기로 초나라의 후손인 회왕懷王의 손자 심心을 초왕楚王으로 삼아서 우이盱台를 다스리게② 했다. 항량을 무신군武信君이라고 불렀다.

從項梁月餘 項羽已拔襄城①還 項梁盡召別將居薛 聞陳王定死 因立楚後懷王孫心爲楚王 治盱台② 項梁號武信君

① 襄城양성

색은 위소는 "영천현潁川縣이다"라고 했다.
【索隱】 韋昭云 潁川縣

정의 양성襄城은 허주현許州縣이라고 했다.
【正義】 襄城 許州縣

신주 지금의 하남성河南省 허창시許昌市 양성현襄城縣에 위치하고 있었다.

② 治盱台치우이

| 색은 | 위소는 "임회현臨淮縣이다. '우이旴夷'로 발음한다."고 했다. |

__색은__ 위소는 "임회현臨淮縣이다. '우이旴夷'로 발음한다."고 했다.

【索隱】 韋昭云 臨淮縣 音旴夷

__정의__ 초현楚縣이다.

【正義】 楚縣也

__신주__ 우이旴台는 지금의 강소성江蘇省 우이현旴眙縣 동북쪽으로 비정한다. 당시 우이를 도성都城 으로 삼고 다스리게 했다는 뜻이다. 이때가 진秦 2세 황제의 2년 6월의 일이다.

수개월 있다가① 북쪽 강보亢父를 공격해 동아東阿를 구하고② 진나라 군사들을 쳐부수었다. 제나라 군대가 돌아가자③ 초나라 홀로 북쪽으로 추격하고④ 패공과 항우를 시켜서 따로 성양城陽을⑤ 공격하게 해서 도륙했다. 군사를 복양濮陽⑥ 동쪽으로 보내서 진나라 군대와 싸워서 쳐부수었다.

居數月① 北攻亢父 救東阿② 破秦軍 齊軍歸③ 楚獨追北④ 使沛公 項羽別攻城陽⑤ 屠之 軍濮陽⑥之東 與秦軍戰 破之

---

① 居數月거수월

__신주__ 양옥승은 "〈월표月表〉와 《한서·고기》에 의거해보니 6월에 회

왕懷王을 세우고, 강보亢父를 공격한 것이 7월이니, 단지 수십 일의 사이가 날 뿐인데 어떻게 '수개 월 있다가[居數月]'라고 할 수 있겠는가? 의심하건대 '월'은 마땅히 '일'이 되어야 한다."고 말했다.

② 救東阿구동아

색은 위소는 "(동아는) 동군東郡의 현 이름이다"라고 했다.
【索隱】 韋昭云 東郡之縣名

정의 제주현濟州縣이다.
【正義】 濟州縣也

신주 동아東阿는 지금의 산동성山東省 동아현東阿縣 서남쪽으로 비정하는데, 제나라의 전담田儋이 장함章邯과 싸우다 죽은 곳이다. 그의 동생 전영田榮도 동아東阿에서 장함에게 포위되었으나 항량項梁등이 구원했다. 장함이 달아남으로써 전영田榮은 살아날 수 있었다.

③ 齊軍歸제군귀

신주 전영은 동아東阿에서 포위를 풀고 나와 전가田假를 왕으로 삼았다는 말을 듣고, 곧바로 제나라 군사들을 이끌고 임치臨淄로 돌아와 전가를 내쫓고 전담田儋의 아들 전불田市을 다시 제나라의 왕으로 세운 것을 이른다. 〈항우본기〉와 〈전담열전〉에 상세하게 기록되어 있다.

④ 北패

복건은 "군사가 패敗한 것을 '패北'라고 한다."고 했다.
【集解】 服虔曰 師敗曰北

신주 사고는 위소의 말을 인용해서 "배北는 '배背'의 옛 자다. 뒤로
가서 달아나는 것이다[背去而走也]"고 했다. 배北자는 패敗자와 통용된다.

⑤ 城陽성양

색은 〈지리지〉를 상고해보니 제음濟陰에 소속되어 있다.
【索隱】 按地理志屬濟陰

신주 성양城陽은 지금의 산동성 견성현鄄城縣 동남쪽으로 비정한다.

⑥ 濮陽복양

색은 위소는 "동군東郡이 현 이름이다"라고 했다.
【索隱】 韋昭云 東郡之縣名

정의 복양濮陽 고성은 복주濮州 서쪽 86리에 있는데 본래 한漢나라
복양현濮陽縣이다.
【正義】 濮陽故城在濮州西八十六里 本漢濮陽縣

복양은 지금의 하남성河南省 복양현濮陽縣 서남쪽에 있었는데, 당시 동군東郡의 치소였다.

진秦나라 군사들이 다시 떨쳐 일어나[1] 복양을 수비했는데 물을 끌어들여서 성 밖을 둘러싸게 했다.[2] 초나라의 군대는 복양을 떠나 정도定陶를[3] 공격했지만 정도는 함락되지 않았다. 패공과 항우는 서쪽 지역을 정벌했으며, 옹구雍丘[4] 아래에서 진나라 군대와 싸워 크게 쳐부수고 이유李由를 죽였다.[5] 돌아와 외황外黃을[6] 공격했지만 외황은 함락되지 않았다.

秦軍復振[1] 守濮陽 環水[2] 楚軍去而攻定陶[3] 定陶未下 沛公與項羽西略地至雍丘[4]之下 與秦軍戰 大破之 斬李由[5] 還攻外黃[6] 外黃未下

① 振진

이기李奇는 "진振은 '정整'이다."라고 했다. 여순은 "진振은 일어나는 것이다. 패한 군졸들을 수습해서 스스로 떨쳐 신속하게 다시 일어나게 하는 것이다."라고 했다.

【集解】 李奇曰 振 整也 如淳曰 振 起也 收敗卒自振迅而復起也

② 守濮陽 環水수복양환수

문영文穎은 "물을 터뜨려 스스로 돌게 해서 견고하게 지키는 것이다."라고 했다. 장안張晏은 "하수河水에 의지해서 스스로 물을 돌려서 감싸 보루를 만든 것이다."라고 했다.

【集解】 文穎曰 決水以自環守爲固也 張晏曰 依河水以自環繞作壘

상고해보니 두 설명이 모두 통한다. 그 복양현 북쪽은 황하黃河에 임하는데, 진秦나라 군사가 북쪽에서 황하를 막고 남쪽으로 도랑을 파서 황하수를 끌어서 돌게 하고 벽루를 만들어서 견고하게 했다. 초나라 군사가 이에 떠난 것을 말한 것이다.

【正義】 按 二說皆通 其濮陽縣北臨黃河 言秦軍北阻黃河 南鑿溝引黃河水 環繞作壁壘爲固 楚軍乃去

해자를 말한다.

③ 定陶정도

상고해보니 〈지리지〉에는 제음濟陰의 현이라고 했다.
【索隱】 按 地理志濟陰之縣也

산동성 정도현定陶縣이었는데, 2016년 2월의 행정단위 개편으로 하택菏澤시 정도구로 바뀌었다.

④ 雍丘옹구

위소는 "옛 기국杞國이고 지금의 진류陳留현이다."라고 했다.
【索隱】 韋昭云 故杞國 今陳留之縣

신주 지금의 하남성河南省 기현杞縣에 위치하고 있었다.

⑤ 斬李由참이유

신주 李由이유는 진나라의 승상 이사李斯의 장남으로 당시 삼천군三
川郡의 군수였다. 진 2세 2년 8월에 항우에게 죽임을 당했다.

⑥ 外黃외황

색은 위소는 "위는 진류현陳留縣이다."라고 했다.
【索隱】 韋昭云 上陳留縣

정의 옹구雍丘 동쪽에 있다고 했다.
【正義】 在雍丘東

신주 지금의 하남성河南省 민권현民權縣 서북쪽으로 비정한다.

항량은 다시 진군秦軍을 쳐부수고[1] 교만한 기색이 있어 송의宋義가[2] 간했으나 듣지 않았다. 진秦나라는 장함에게 군사를 더 주어 밤에 숨죽이고 있다가[3] 항량을 공격해 정도에서 그의 군대를 크게 쳐부수고 항량을 죽였다.[4] 패공과 항우는 막 진류陳留를[5] 공격하다가 항량이 죽었다는 소식을 듣고 군사를 이끌고 여장군呂將軍과[6] 함께 동쪽으로 향했다. 여신呂信의 군대는 팽성彭城[7] 동쪽에 주둔했고, 항우의 군대는 팽성의 서쪽에 주둔했으며 패공의 군대는 탕碭 현에 주둔했다.

項梁再破秦軍[1] 有驕色 宋義[2]諫 不聽 秦益章邯兵 夜銜枚[3]擊項梁 大破之定陶 項梁死[4] 沛公與項羽方攻陳留[5] 聞項梁死 引兵與呂將軍[6]俱東 呂臣軍彭城[7]東 項羽軍彭城西 沛公軍碭

① 再破秦軍재파진군

신주 동아東阿에서 장함의 군대를 물리친 것과 옹구雍丘에서 진나라 군대를 격퇴한 것을 말한다.

② 宋義송의

색은 순열荀悅의 《한기漢記》에 "옛날 초楚나라 영윤令尹 송의宋義이다."라고 한 것은 마땅히 따로 나온 바가 있었을 것이다.

【索隱】 荀悅漢紀云 故楚令尹宋義 當別有所出也

③ 銜枚함매

집해 《주례》에 함매씨銜枚氏가 있다. 정현鄭玄은 "함매銜枚는 언어가 야단스럽고 시끄러운 것을 중지시키는 것이다. 매枚는 모양이 젓가락과 같은데 가로로 물게 하고 끝은 목에 묶어 거는 것이다."라고 했다. 획繣 은 '획獲'으로 발음한다.

【集解】 周禮有銜枚氏 鄭玄曰 銜枚 止言語囂讙也 枚狀如箸 橫銜之 繣結 於項者 繣音獲

신주 함매는 군사가 행진할 때 떠들지 못하도록 군졸의 입에 나무 막대기를 물게 한 것을 일컫는다.

④ 項梁死항량사

신주 정도에서 장함과의 싸움에서 전사하였다. 진 2세 황제 2년 9 월의 일이다.

⑤ 陳留진류

신주 지금의 하남성河南省 개봉시開封市의 동남쪽에 위치하고 있었다.

⑥ 呂將軍여장군

여신呂臣을 가리킨다. 진말 때 한나라 장수로서 아버지가 여청呂青이다. 진승陳勝의 시종이었으나 진승이 죽임을 당하자, 여신은 남은 부대를 수습했다. 또 한때 진군陳郡을 공격해 이긴 적도 있었으나 뒤에 항량에게 귀의했다.

⑦ 彭城팽성

지금의 강소성江蘇省 서주시徐州市에 위치하고 있었다.

장함은 이미 항량의 군대를 쳐부숼기 때문에 초나라 땅의 군사들은 두려워할 것이 없다고 여기고 하수를 건너 북쪽으로 조趙나라를 공격해 크게 쳐부수었다. 이 때 조헐趙歇이① 조나라의 왕이 되었고② 진나라 장수 왕리王離가③ 조나라 거록성을④ 포위했는데, 이를 이른바 하북군河北軍이라고 했다.

章邯已破項梁軍 則以爲楚地兵不足憂 乃渡河 北擊趙 大破之 當是之時 趙歇①爲王② 秦將王離③圍之鉅鹿城④ 此所謂河北之軍也

---

① 趙歇조헐

소림蘇林은 발음이 글자와 같다고 했다. 정덕鄭德은 "음은 '알絕遏'의 '알遏'이다."라고 했다. 서광徐廣은 '알[烏轄反]'이라고 했다. 지금은 글자에 따라서 읽는다.

【索隱】 蘇林音如字 鄭德音遏絕之遏 徐廣音烏轄反 今依字讀之也

② 趙歇爲王조헐위왕

신주 조헐趙歇은 전국시대 조나라 왕실의 후예다. 진승의 부장 무신武臣이 조趙나라에서 스스로 왕이라고 칭했는데, 그의 장수 이량李良이 배반하여 무신을 살해했다. 이로 인해 장이張耳와 진여陳餘가 조헐을 조나라 왕으로 옹립했다. 그 때가 진나라 2세 황제 2년 1월의 일이었다.

③ 王離왕리

신주 진나라 장수로 왕전王翦의 손자다. 당시 장함의 부장이었다.

④ 鉅鹿城거록성

신주 진나라 때의 현으로 지금의 하북성河北省 형태시邢台市 거록현鉅鹿縣에 위치하고 있다.

진秦나라 2세二世 3년(서기전 207), 초 회왕楚懷王은[①] 항량의 군대가 패배한 것을 보고 두려워 우이盱台에서 팽성彭城으로 천도하고[②] 여신呂臣의 군대와 항우의 군대를 합병시켜 스스로 거느렸다.[③] 또 패공을 탕군碭郡의 군장郡長으로[④] 삼고 무안군武安君으로 봉해서 탕군의 군사를 거느리게 했다. 항우를 장안후長安侯로 봉하고 노공魯公[⑤]이라고 호칭했다. 여신呂信을 사도司徒로[⑥] 삼고 그의 아버지 여청呂青을 영윤令尹으로 삼았다.[⑦]

秦二世三年 楚懷王[①]見項梁軍破 恐 徙盱台都彭城[②] 并呂臣 項羽軍 自將之[③] 以沛公爲碭郡長[④] 封爲武安侯 將碭郡兵 項羽爲長安侯 號 爲魯公[⑤] 呂臣爲司徒[⑥] 其父呂青爲令尹[⑦]

① 楚懷王초회왕

신주 웅심熊心을 가리킨다. 초회왕의 손자로 항량 등이 초나라 유민들의 지지를 얻기 위해 그를 초회왕으로 모셨다. 후에 항우는 모사 범증范增의 계책에 따라 이를 의제義帝로 옹립한 뒤에 살해했는데, 이때가 서기전 205년 10월이다.

② 徙盱台都彭城사우이도팽성

신주 우이에서 팽성으로 천도한 해가 서기전 208년 9월이다.

③ 幷呂臣項羽軍自將之병여신항우군자장지

신주 초회왕 웅심이 항우의 군권을 거두어들인 것인데, 항우와 초회왕의 갈등은 갈수록 더 커지게 되었다.

④ 碭郡長탕군장

정의 《괄지지》에는 "송주宋州는 본래 진秦나라 탕군碭郡이다."라고 했다. 소림은 "장長은 군수郡守와 같다."고 했다. 위소는 "진秦나라 때는 명칭이 수守였는데 이때 장長이라고 고쳤다."고 했다.
【正義】 括地志云 宋州本秦碭郡 蘇林云 長如郡守 韋昭云 秦名曰守 是時改曰長

⑤ 號爲魯公호위노공

신주 항우를 노나라에 봉했는데, 지금의 산동성 곡부曲阜이다.

⑥ 司徒사도

신주 중국 고대의 벼슬 이름이다. 교화를 주관하는 임무를 맡았다.

⑦ 呂靑爲令尹여청위영윤

정의 응소는 "천자天子는 사윤師尹이라고 하고 제후는 영윤令尹이라고 한다. 당시 6개국의 거리가 가까워서 영윤令尹을 두었다."고 했다. 신찬이 이르기를 "제후의 경卿에 대해 오직 초楚에서만 영윤令尹이라고 칭했고 나머지 나라에서는 일컫지 않았다. 이때는 초나라가 세워진 뒤다. 그래서 관사官司를 설치하면서 모두 초나라의 옛 제도와 같게 했다."고 했다.

【正義】 應劭云 天子曰師尹 諸侯曰令尹 時去六國近 故置令尹 臣瓚曰 諸侯之卿 唯楚稱令尹 其餘國不稱 時立楚之後 故置官司皆如楚舊也

조趙나라에서 수차 구원을 청하자 회왕이 송의를 상장군上將軍으로[1] 삼고 항우를 차장次將으로 삼고 범증范增을[2] 말장末將으로 삼아 북쪽으로 가서 조나라를 구원토록 했다. 패공을 시켜 서쪽 지역을 공략해서 관關으로 쳐들어가도록 했다.[3] 더불어 여러 장수들에게 약속하기를[4] 먼저 관중에 들어가 평정한 자가 왕이 된다고 했다.[5]

趙數請救 懷王乃以宋義爲上將軍[1] 項羽爲次將 范增[2]爲末將 北救趙 令沛公西略地入關[3] 與諸將約[4] 先入定關中者王之[5]

① 上將軍상장군

신주 전국시대부터 이 군직이 존재했고, 지위가 좌·우장군보다 위다. 전한 때는 고정된 관직이 아니었으나 그 지위가 상경 다음이었다.

② 范增범증

신주 범증(서기전 278년~서기전 204년)은 항량과 항우의 책사로서 항우가 아보亞父라고 높여 불렀다. 항량이 진나라에 반기를 들었을 때 범증은 항량에게 초회왕을 세우라고 권했고, 홍문연에서 유방을 죽이라고 권했다. 그러나 진평의 이간책으로 항우를 떠나 초야에 묻혀 살았다.

③ 令沛公西略地入關영패공서략지입관

신주 이에 패공은 무관을 통해 관중으로 들어가 진나라를 취하고 패현에 주둔했다.

④ 關中관중

색은 위소는 "함곡函谷과 무관武關이다."라고 했다. 《삼보구사三輔舊事》에는 "서쪽은 산관散關으로 경계를 삼고 동쪽은 함곡函谷으로 경계로 삼는데 두 관문의 가운데를 관중關中이라고 이른다."고 했다.

【索隱】 韋昭云 函谷 武關也 又三輔舊事云 西以散關爲界 東以函谷爲界

二關之中謂之關中

⑤ 先入定關中者王之선입정관중자왕지

신주　초회왕 웅심은 "먼저 관중에 들어가 평정한 자를 왕으로 삼는
다."고 하고 항우는 북으로, 유방은 서로 가도록 명령했는데, 이는 관중
의 땅을 유방에게 할애하겠다는 회왕의 의도가 담겨져 있었다.

장량의 계책 태공병법太公兵法을 쓰다

이 당시 진秦나라 군사는 강성해서 늘 이기는 여세를 몰아서 패배한 적을 추격했는데, 여러 장수들은 먼저 관중關中으로 들어가는 것을 이롭게 여기지 않았다.[1] 유독 항우만이 진나라가 항량의 군대를 무너뜨린 것을 원망하고 격분해서[2] 패공과 함께 관중關中으로 들어가는 것을 원했을 뿐이다.

當是時 秦兵彊 常乘勝逐北 諸將莫利[1]先入關 獨項羽怨秦破項梁軍 奮[2] 願與沛公西入關

① 莫利막리

신주 안사고는 "관중에 들어가는 것을 이롭게 여기지 않은 것은 진나라가 두려워서 하는 말이다."라고 했다. 즉, 당시 항우의 군사들은 진나라의 군사력에 대한 강한 두려움을 가지고 있었다고 한 표현에서 곧 항우가 유방보다 관중에 늦게 입성할 것임을 암시하는 것이다.

② 奮분

색은 위소는 "분奮은 분격憤激이다."라고 했다.
【索隱】 韋昭云 憤激也

초나라 회왕이 여러 노장老將들에게 말했다.

"항우는 사람됨이 날쌔고 사납고 교활하며 모집니다.① 항우가 일찍이 양성襄城을 공격했는데 양성에는 남겨진 종자들이 없었소.② 모두 생매장해서 그가 지난 여러 곳이 잔멸殘滅되지 않은 곳이 없었소. 또한 초나라가 (秦나라를) 자주 진격해 빼앗으려 했지만③ 전에 진왕陳王(陳勝)과④ 항량이 모두 무너졌소. 다시 정의를 구현할 수 있는 덕망 있는 사람을 서쪽으로 파견해서 진秦나라의 부형들에게 알려 타이르는 것만 같지 못할 것이오.⑤ 진나라 부형들도⑥ 그의 군주에게 오래도록 시달렸으니 지금⑦ 진실로 덕망 있는 자를 얻어서 가게 한다면 사납게 침략하지 않아도 마땅히 항복할 것입니다. 지금 항우는 모질고 사나워⑧ 지금 보내는 것이 불가하오. 오직 패공이 평소 너그럽고 덕망 있는⑨ 사람이니 그를 보내는 것이 옳소."

懷王諸老將皆曰 項羽爲人僄悍猾賊[1] 項羽嘗攻襄城 襄城無遺類[2]
皆阬之 諸所過無不殘滅 且楚數進取[3] 前陳王[4] 項梁皆敗 不如更遣
長者扶義而西[5] 告諭秦父兄[6] 秦父兄苦其主久矣 今[7]誠得長者往 毋
侵暴 宜可下 今項羽僄悍[8] 今不可遣 獨沛公素寬大[9]長者 可遣

① 僄悍猾賊표한활적

색은 《설문說文》에는 "표僄는 '질疾(신속하다)'의 뜻이고, 한悍은 '용
감하다'는 뜻이다."라고 했다. 《방언方言》에는 "표僄는 '경輕(날래다)'의
뜻이다."라고 말했다. 劉는 발음이 '표[匹妙反]'다. 활적猾賊에 대해 《한
서》에는 '화적禍賊'으로 되어 있다.
【索隱】 說文云 僄疾也 悍勇也 方言云 僄輕也 劉音匹妙反 猾賊 漢書作
禍賊也

신주 초회왕이 항우에 대하여 '표한활적僄悍猾賊하다'고 말한 것은
항우에 대한 두려움의 표현이다.

② 無遺類무유류

집해 서광은 "유遺는 한 곳에는 '초噍(씹다)'로 되어 있다. 초噍는 식
食이다."라고 했다. '죠[在妙反]'로 발음한다. 배인裴駰이 상고해보니, 여

순은 "종자가 다시 산 것이 없도록 씹어 먹는 것이다. 청주靑州의 속언俗言에 씹어 먹을 종자가 없을 정도로 남긴 것이 없다."고 했다.

【集解】 徐廣曰遺 一作嚛 嚛 食也 音在妙反 駰案 如淳曰 類無復有活而嚛 食者也 靑州俗言無 遺爲無嚛類

③ 楚數進取초삭진취

집해　여순은 "초楚는 진섭陳涉을 이른다. 삭진취數進取란 공격해서 빼앗은 것이 많은 것이다."라고 했다.

【集解】 如淳曰 楚謂陳涉也 數進取 多所攻取

신주　안사고는 "초楚는 초나라 병사 모두를 말한다. 이에 진섭과 항량의 군대 모두이다."라고 하여 진섭의 군대만이 아니었을 말하고 있다. 이는 뒤의 문장文章에 '전진왕 항량개패前陳王'項梁皆敗'라고 적시해서 《집해》의 내용이 오류임을 알 수 있다.

④ 陳王진왕

집해　《한서음의漢書音義》에는 "진섭陳涉이다."라고 했다.

【集解】 漢書音義曰 陳涉也

⑤ 遺長者扶義而西견장자부의이서

정의 장자를 보내서 인의를 붙들고 서쪽으로 가서 진秦나라의 어른들과 젊은이들長少에게 깨우쳐 항복하게 하겠다는 뜻이다.

【正義】 遣長者扶持仁義而西 告諭秦長少 令降下也

신주 안사고는 "부扶는 '돕다'의 뜻이다, 의로써 스스로 돕게 하는 것이다."고 했다. 이는 덕망 있는 사람을 관중으로 보내서 정의로써 진의 부형들을 회유해야 함을 말한 것이다. 항우보다 유방이 적임자라는 회왕의 의도를 엿볼 수 있는 대목이다.

⑥ 告諭秦父兄고유진부형

신주 유諭는 '타이르다'라는 회유의 의미를 담고 있다. 이 또한 유방을 보내야 함을 신하들에게 넌지시 떠본 것이다.

⑦ 今금

집해 서광은 "다른 판본에는 '금今'이 없다"고 했다.

【集解】 徐廣曰 一無此字

⑧ 今項羽僄悍금항우표한

신주 양옥승은 "위의 구절에 '금성장자왕今誠得長者往'(지금 진실로 장자를 얻어서 가게 한다면)은 연달아 '금今' 자를 세 번 쓰게 해서 불편한 것

같다. '표한慓悍(날래고 사납다)' 또한 겹치는데《한서》에 따라 '항우불가
견項羽不可遣'(항우를 보내는 것은 불가하다)로 써야 옳다."고 했다. 즉 '금今'
자가 세 번 연달아 썼지만 이를 요약하면 '항우불가견項羽不可遣'이라는
한 마디로 서술할 수 있다고 말한 것이다.

⑨ 沛公素寬大패공소관대

신주 유방의 성품을 항우와 정반대로 대조시키고 있다. 항우를 표한
慓悍하다고 한데 비해 유방은 관대寬大하다고 평가함으로써 회왕은 유
방을 관중으로 들어가 부형들을 설득할 적임자로 점찍은 것이다.

마침내 항우를 허락하지 않고 패공을 보내어 서쪽 땅을 공략하
게 하고 진왕陳王과 항량의 흩어진 군사들을 거두게 했다. 이에
탕을 거쳐서① 성양成陽에 이르러 강리杠里에서② 진나라 군사와
진지를 두고 대치하다가③ 진나라의 이군二軍을 쳐부수고,④ 초나
라 군사들이 출병해서 왕리王離의 군사들을 대패시켰다.⑤

卒不許項羽 而遣沛公西略地 收陳王 項梁散卒 乃道碭①至成陽 與
杠里②秦軍夾壁③ 破(魏)[秦]二軍④楚軍出兵擊王離 大破之⑤

---

① 道碭도탕

《한서음의》에는 "이 길은 탕碭을 경유한다."고 했다.
【集解】 漢書音義曰 道由碭也

② 成陽與杠里성양여강리

집해 《한서음의》에는 '성양과 강리는 2개의 현 이름이다'라고 했다.
【集解】 漢書音義曰 二縣名

색은 성양成陽은 제음濟陰에 있으니 위소韋昭가 "영천潁川에 있다"고
한 것은 잘못된 것이다. 복건服虔은 "강리杠里는 현 이름이다"라고 했다.
여순如淳은 "진秦나라 군대가 따로 주둔한 곳의 지명이다."라고 했다.
【索隱】 成陽在濟陰 韋昭云 在潁川 非也 服虔云 杠里 縣名 如淳云 秦軍所
別屯地名也

③ 與杠里秦軍夾壁여강리진군협벽

신주 양옥승은 《사전史詮》을 인용해서 "이때 진나라 군대는 강리에
진을 쳤고 한나라 군대 역시 강리에 진을 쳤는데, 두 나라 군대가 마주
대하고 있어 '협벽'이라고 한다."고 했다. 강리杠里는 진나라 때의 현으로
성양成陽의 서쪽에 위치하고 있었다. 강리에서 진군秦軍과 한군漢軍이
서로 대치하고 있는 형태가 벽을 끼고 있는 것 같았음을 이른 것이다.
④ 破魏二軍파위이군

신주 "진나라 이군을 격파했다."고 풀이해야 문맥이 이어짐으로 '破魏二軍'의 '위魏'는 '진秦' 또는 '기其'가 되어야 한다. 양옥승도 《사전史詮》을 인용하여 "'破魏二軍'의 '위魏'는 마땅히 '진秦'이라고 써야 옳다."라고 했다.

⑤ 王離大破之왕리대파지

집해 서광은 "〈표表〉에는 3년 10월에 동군東郡의 위尉와 왕리王離의 군대를 성무成武 남쪽에서 쳐부수었다."라고 했다.

【集解】 徐廣曰 表云 三年十月 攻破東郡尉及王離軍於成武南

패공이 군사를 인솔하고 서쪽으로 가다가 팽월彭越을① 창읍昌邑에서② 만나 이들과 함께 진나라 군사를 공격했는데 전세가 불리했다. 되돌아와 율현에③ 이르러 강무후剛武侯를④ 만나서 그 군사 4,000여 명을 빼앗아 병합시켰다. 이에 위魏나라 장수 황흔皇欣, 신도申徒 무포武蒲의⑤ 군대와 함께 창읍을 공격했지만 창읍은 함락되지 않았다. 패공이 서쪽으로 고양高陽을⑥ 지나갔다.

沛公引兵西 遇彭越①昌邑② 因與俱攻秦軍 戰不利 還至栗③ 遇剛武侯④ 奪其軍 可四千餘人 并之 與魏將皇欣 魏申徒武蒲⑤之軍并攻昌邑 昌邑未拔 西過高陽⑥

① 遇彭越우팽월

팽월(?~서기전 196년)은 거야鉅野의 늪지에서 활동하는 군도들의 두목이었다. 유방이 나라를 세우고 항우와 다툴 때 유방에게 귀의해서 전과를 올려 공신이 되었다. 이는 유방과 팽월이 창읍에서 만나 연합으로 진나라 군사와 대치했던 일을 말한 것이다. 〈위표팽월열전魏豹彭越列傳〉에 이 기록이 보인다.

② 昌邑창읍

정의 〈지리지〉에 "창읍현昌邑縣은 산양山陽에 속해 있다."고 했다. 《괄지지》에는 "조주曹州 성무현成武縣 동북쪽 32리에 있는데 양구梁丘에 있는 고성이 그곳이다."라고 했다.

【正義】 地理志云 昌邑縣屬山陽 括地志云 在曹州成武縣東北三十二里 有梁丘故城是也

신주 창읍昌邑은 지금의 산동성 거야현巨野縣 동남쪽으로 비정한다.

③ 栗률

색은 위소는 "현 이름인데 패군에 속해 있다."고 했다.

【索隱】 韋昭云 縣名 屬沛

신주 지금의 하남성河南省 하읍현夏邑縣으로 비정한다.

④ 剛武侯강무후

집해 응소는 "초회왕楚懷王의 장군이다."라고 했다. 《한서음의》에 "〈공신표功臣表〉에는 극포강후棘蒲剛侯 진무陳武이다. 무武의 또 다른 성은 시柴이다. 강무후剛武侯는 마땅히 강후무剛侯武가 되어야 하는데, 위魏나라 장수이다."라고 했다. 신찬은 "〈공신표功臣表〉에 시무柴武는 장군으로써 설薛 땅에서 일어나 따로 동아東阿를 구원하고 패상霸上에 이르러 한중漢中으로 들어갔는데 회왕懷王의 장수는 아니고, 또 위魏나라 장수도 아니고 관례에 따라 시호를 일컫지 않았다."라고 했다.

【集解】 應劭曰 楚懷王將也 漢書音義曰 功臣表云棘蒲剛侯陳武 武 一姓柴 剛武侯宜爲剛侯武 魏將也 瓚曰 功臣表柴武以將軍起薛 別救東阿 至霸上 入漢中 非懷王將也 又非魏將也 例未稱諡

정의 안사고는 "사史에서 그의 성명을 분실해서 오직 그의 작호爵號는 알고 있으나 누구인지 알지 못한다. '강후무剛侯武'로 고치는 것은 마땅하지 않다."고 했다. 응소는 "회왕의 장군이라고 했고 또 위나라 장군이라고 일렀지만 근거가 없다."고 했다. 〈표表〉에는 "6년 3월에 봉했다고 했다." 맹강이나 안사고의 설명이 옳다.

【正義】 顏師古云 史失其名姓 唯識其爵號 不知誰也 不當改爲剛侯武 應氏以爲懷王將 又云 魏將 無據矣 表六年三月封 孟 顏二人說是

⑤ 皇欣魏申徒武蒲황흔위신도무포

정의 황흔皇欣이나 무포武蒲는 모두 위魏나라 장수이다. 흔欣은 어떤 이는 '흔訴'이라고 했다. 발음은 '흔[許斤反]'이다. 포蒲는《한서漢書》에는 '만滿'으로 되어 있는데 함께 통용된다고 했다.

【正義】 並魏將也 欣字或作訢 音許斤反 蒲 漢書作滿 並通也

신주 황흔皇欣은 위나라 왕 표豹 때 장수였다. 서기전 208년 6월에는 위나라 왕 구咎가 장함에 의해 죽자 그의 동생 표豹가 왕위에 올라 황흔을 부장으로 삼았다. 황흔은 서기전 207년 12월, 유방이 군을 이끌고 율현栗縣에 도착했을 때, 유방의 군대와 연합으로 진나라 군대를 격파해서 전공을 세웠다. 무포武蒲는 위표의 장수로 그의 관직명은 신도申徒이다. 무포 또한 유방이 율현에 이르렀을 때 자신의 군대와 연합하여 진의 군대를 물리침으로써 전공을 세웠다.《한서》에는 그의 이름이 '무만武滿'으로 되어 있다.

⑥ 高陽고양

집해 문영은 "취읍聚邑 이름이다. 진류陳留 어현圉縣에 속해 있다."고 했다. 신찬은 "〈진류전陳留傳〉에는 옹구雍丘 서남쪽에 있다."고 했다.

【集解】 文穎曰 聚邑名也 屬陳留圉縣 瓚曰 陳留傳曰在雍丘西南

신주 고양은 옛 읍명으로 지금의 하남성 기현 서남쪽으로 비정한다.

역이기가 감문監門이[1] 되어 말했다.

"여러 장수들이 이곳을 지난 자가 많았소. 내가 살펴보니 패공은 대인으로 덕을 갖춘 사람이오."

이에 패공을 찾아뵙고 이야기하기를 구했다. 패공은 막 침상에 걸터앉아 2명의 여자에게 발을 씻기고 있었다. 역생酈生(역이기)이 절을 하지 않고 길게 읍하며[2] 말했다.

"족하께서는 반드시 무도한 진나라를 처벌하겠다고 하시면서 걸터앉은 장자를 뵈오니[3] 마땅하지가 않습니다."

이에 패공이 일어나 옷을 여미고 사과하면서[4] 상석에 앉게 했다. 역이기가 패공을 설득해서 진류를 습격해[5] 진나라가 쌓아놓은 곡식을 얻게 했다. 이에 역이기를 광야군廣野君으로[6] 삼고 역상酈商을[7] 장군으로 삼아 진류의 군사를 인솔해 함께 개봉을[8] 공격했지만 개봉은 함락되지 않았다.

酈食其(謂)[爲]監門①曰 諸將過此者多 吾視沛公大人長者 乃求見 說沛公 沛公方踞牀 使兩女子洗足 酈生不拜 長揖②曰 足下必欲誅無道秦 不宜踞見長者③ 於是沛公起 攝衣謝之④ 延上坐 食其說沛公 襲⑤陳留 得秦積粟 乃以酈食其爲廣野君⑥ 酈商⑦爲將 將陳留兵 與偕攻開封⑧ 開封未拔

① 酈食其爲監門역이기위감문

정덕鄭德은 '역이기歷異基'로 발음한다고 했다.

【集解】 鄭德曰 音歷異基

신주 《집해》는 소림蘇林을 인용해서 "감문은 성문을 지키는 관졸이다."고 했다. 상고해보니 장이張耳와 진여陳餘가 이전에 미천하였을 때 또한 일찍이 이 직을 맡았었다. 《황본黃本》의 "원문에는 '위爲'가 '위謂' 자로 되어 있는데 사실과 맞지 않다."고 했다.

② 長揖장읍

신주 장읍長揖은 공경하는 뜻으로 양손을 모아 위에서 밑으로 내리며 인사하는 것이다. 읍揖은 절을 대신하는 약식 예절이다.

③ 踞見長者거견장자

신주 '거견踞見'는 거만한 모습으로 걸터앉아서 바라보는 것을 이르고, '장자長者'는 유방을 가리킨다. 〈역생육가열전酈生陸賈列傳〉에는 '거倨'로 되어 있으나 통하는 글자이다.

④ 攝衣謝之섭의사지

신주 '섭의攝衣'는 옷깃을 가다듬는 것이며, '사謝'는 사과하면서 겸손해지는 모습으로 바꾸는 것이다.

⑤ 襲습

집해 《한서음의》에 "《춘추전》에는 날래게 가면서 종이나 북을 울리지 않는 것을 습襲이라고 한다."고 했다.
【集解】 漢書音義曰 春秋傳曰 輕行無鐘鼓曰襲

⑥ 廣野君광야군

색은 위소는 "산양山陽에 있다."고 했다.
【索隱】 韋昭云 在山陽

⑦ 酈商역상

신주 역이기의 동생으로 뒤에 유방이 한나라를 세우는데 공이 있었다. 〈번역등관열전樊酈滕灌列傳〉의 기록으로 이를 알 수 있다.

⑧ 開封개봉

색은 위소는 "하남현河南縣이다."라고 했다.
【索隱】 韋昭云 河南縣

서쪽으로 가서 진秦나라 장수 양웅楊熊과 백마白馬에서[1] 싸우고 또 곡우曲遇[2] 동쪽에서 싸워 크게 쳐부수었다. 양웅楊熊이 형양 榮陽으로[3] 달아나자 진秦 2세는 사신을 시켜 참수하게 해서 본 보기로 삼게 했다.[4] 남쪽으로 영양潁陽을[5] 공격해서 도륙했다. 장량을[6] 따라 마침내 한나라 땅 환원轘轅을[7] 공략했다.

西與秦將楊熊戰白馬[1] 又戰曲遇[2]東 大破之 楊熊走之榮陽[3] 二世使 使者斬以徇[4] 南攻潁陽[5] 屠之 因張良[6]遂略韓地轘轅[7]

① 白馬백마

색은 위소는 "동군東郡의 현縣이다."라고 했다.

【索隱】 韋昭云 東郡縣

정의 《괄지지》에는 "백마白馬 고성은 활주滑州 위남현衛南縣 서남쪽 24리에 있다."고 했다. 대연지戴延之의 《서정기西征記》에는 "백마성은 옛 위衛나라 조읍漕邑이다."라고 했다.

【正義】 括地志云 白馬故城在滑州衛南縣西南二十四里 戴延之西征記云 白馬城 故衛之漕邑

② 曲遇곡우

있지 않았다."고 말했다. 사마표司馬彪의 《군국지郡國志》에는 "중모中牟
에 곡우취曲遇聚가 있다."고 했다.

【索隱】 徐廣云 在中牟 韋昭云 志不載 司馬彪郡國志中牟有曲遇聚也

신주 곡우는 지금의 중모현 동쪽에 위치하고 있었다. 이곳에서 양웅
의 군대를 격파했는데, 〈진초지제월표〉에 의하면 이 일이 진의 2세 황
제 3년 3월의 일이다.

③ 滎陽형양

색은 위소는 "옛날 위지衛地인데 하남현河南縣에 있다."라고 했다.

【索隱】 韋昭云 故衛地 河南縣也

④ 斬以徇참이순

집해 서광은 "4월의 일이다."라고 했다.

【集解】 徐廣曰 四月

신주 순徇은 '드러내 보이다'의 뜻으로 본보기로 삼게 함을 이르는
것이다.

⑤ 潁陽영양

신주 지금의 하남성河南省 허창시許昌市 서남쪽으로 비정한다.

⑥ 張良장량

신주 장량(?~서기전 186년)은 한漢나라의 건국 공신으로 자는 자방 子房. 영천군 성보 사람이다. 《색은》에 "장량의 조상은 한韓의 왕족이 라 주 왕실과 같은 희성姬姓이었지만 진의 통일 이후 성명을 바꿨는데, 옛날 한韓나라에 있던 장거질張去疾·장견張謜이 장량의 선조가 아닐까 추측한다."고 했다. 소하蕭何, 한신韓信과 함께 한나라 건국 3걸로 불리 는데, 시호는 문성공文成公이다.

⑦ 轘轅환원

집해 문영은 "하남河南 신정新鄭 남쪽에서 영천潁川 남북에 이르기 까지가 모두 한韓나라 땅이다. 장량張良이 여러 대代 동안 한韓나라의 재상이었으므로 그렇게 된 것이다."라고 했다. 신찬은 "환원轘轅은 험한 길의 이름인데 구지현緱氏縣 동남쪽에 있다."고 했다.

【集解】 文穎曰 河南新鄭南至潁川南北 皆韓地也 以良累世相韓 故因之 瓚曰 轘轅 險道名 在緱氏東南

색은 상고해보니 《십삼주지十三州志》에는 "하남河南의 구지현緱氏縣 은 산으로 이름을 삼은 것이다."라고 했다. 일설에는 환원轘轅은 총 92 개의 굽이가 있으니 이것을 험악한 길이라고 이른 것이다.

【索隱】 按十三州志云河南緱氏縣以山爲名 一云 轘轅凡九十二曲 是險道也

신주 환원轘轅은 산 이름으로 하남성河南省 언사현偃師縣 동남쪽에 있다. 이 산은 몹시 험준하여 동한시대에는 관문을 설치했고, 산 정상에는 환원관이 있다.

이 당시 조나라의 별장 사마앙司馬卬이[1] 장차 하수를 건너 관중으로 들어가려 했는데 패공이 곧 북쪽으로 평음平陰을[2] 공격하여 황하 나루를 봉쇄하고,[3] 남쪽으로 낙양雒陽[4] 동쪽에서 싸웠으나 전세가 불리했다. 그래서 군사를 돌려 양성陽城에[5] 이르러서 군軍 중 기마병들을 수습해 남양南陽군수 의齮와[6] 주현犨縣[7] 동쪽에서 싸워 쳐부수었다. 남양군을 공략하자 남양군수 의齮가 달아나 성城을 보호하고 완宛 땅을 지켰다.[8]

當是時 趙別將司馬卬[1]方欲渡河入關 沛公乃北攻平陰[2] 絕河津[3] 南戰雒陽[4]東 軍不利 還至陽城[5] 收軍中馬騎 與南陽守齮[6]戰犨[7]東 破之 略南陽郡 南陽守齮走 保城守宛[8]

---

① 趙別將司馬卬조별장사마앙

신주 사마앙(?~서기전 205년)은 진한 교체기에 조趙나라 장수가 되었고, 제후들과 함께 진秦나라를 토벌하여 진이 망한 후 항우로부터 은왕

殷王으로 봉해졌다. 항우와 유방이 대립되었을 때 유방에게 귀의하여
공을 세웠다.

② 平陰평음

집해 〈지리지〉에는 하남河南에 평음현平陰縣이 있는데 지금의 하음
河陰이 이곳이라고 했다.
【集解】 地理志河南有平陰縣 今河陰是也

③ 絕河津절하진

신주 북쪽으로 평음을 공격하고 황하를 건넜다고 해석하지만 평음은
황하 남쪽에 있었다. 사마앙이 북쪽에서 남쪽으로 황하를 건너서 관내로
들어가려고 하니까 유방이 평음을 공격해 황하 나루를 봉쇄한 것이다.

④ 雒陽낙양

신주 지금의 '낙양洛陽'이다. 옛 성은 지금의 하남성 낙양시 동북쪽
에 위치해 있다.

⑤ 陽城양성

정의 지금의 낙주洛州는 하우夏禹가 도읍한 곳이다.

⑥ 齮의

색은 '의議(배밀 의)'로 발음한다. 허신許愼은 "가장자리를 깨물다[側齧]."라는 뜻이라고 여겼다.
【索隱】 音議 許愼以爲側齧也

신주 의齮에 대해 여의呂齮라고 해석하지만 그렇게 해석할 수 있는 사료는 발견할 수 없었다.

⑦ 犨주

집해 〈지리지〉에 남양南陽에 주현犨縣이 있다고 했다.
【集解】 地理志南陽有犨縣

신주 지금의 하남성 노산현魯山縣 동남쪽으로 비정한다.

⑧ 守宛수원

정의 守는 음이 '수狩'요, 宛은 발음이 '원[於元反]'이다.《괄지지》에는 "남양현南陽縣 고성은 원宛 땅에 있고 큰 성 남쪽 모퉁이의 그 서남쪽에도 두 면二面이 남아 있는데 모두 옛 원성宛城이다."라고 했다.

【正義】 守音狩 宛 於元反 括地志云 南陽縣故城在宛大城之南隅 其西南 有二面 皆故宛城

완宛 땅은 동, 서, 북 3면이 산으로 둘러싸여 있고, 사방이 높고 가운데가 낮은 형태의 요지여서 남양군의 치소가 있었다. 완宛은 옛 이름으로써 완성 → 완주 → 상완현 등으로 바뀌었는데 현재의 남양시의 완성구이다.

패공이 군사를 이끌고 완宛 땅을 지나① 서쪽으로 가자 장량이 간언했다.

"패공께서 비록 급히 관중으로 들어가려고 하시지만 진나라 병사들이 아직도 많은데다 험준한 곳에서 막고 있습니다. 지금 완宛 땅을 함락시키지 않는다면 완宛에서 뒤를 쫓아 공격할 것이고 강력한 진나라는 앞에 있게 될 것이니 이것은 위험한 길이 될 것입니다."

이에 패공이 밤중에 군사들을 이끌고 다른 길을 따라서 돌아와 깃발을 바꾸고② 동이 틀 무렵③ 완성宛城을 세 겹으로 포위하니④ 남양군수가 자결하고자 했다. 이때 그 사인舍人인⑤ 진회陳恢가 말했다.

"죽는 것은 늦지 않습니다."

沛公引兵過而西① 張良諫曰 沛公雖欲急入關 秦兵尚衆 距險 今不下宛 宛從後擊 彊秦在前 此危道也 於是沛公乃夜引兵從他道還 更旗幟② 黎明③ 圍宛城三帀④ 南陽守欲自剄 其舍人⑤陳恢曰 死未晚也

① 過而西과이서

완 땅을 그냥 지나쳐 간다는 뜻이다. 완 땅은 요지이기 때문에 그냥 지나칠 수 없는 곳이다. 그래서 장량이 간언했던 것이다.

② 更旗幟경기치

깃발을 바꾼다는 뜻으로 《한서》는 '언기치偃旗幟'(깃발을 눕히다) 라고 했다. 깃발은 군대를 상징하는 것으로써 '경기치更旗幟', 또는 '언기 치偃旗幟'라고 한 것으로 보아 남양의 군영으로 하여금 다시 돌아와 공 격할 것을 눈치 채지 못하게 하려 한 것이다. 유방도 그냥 지나친 것이 아니라 장량의 간언 이전에 이미 상대를 속이기 위한 작전을 구상하고 이었음을 짐작할 수 있다.

③ 黎明여명

여黎는 발음이 '여犁'인데, 여黎는 '비比(가깝다)'와 같다. 하늘 이 밝아오고 있는 것을 이른 것이다. 《한서》에는 '지遲'로 되어 있는데 발음은 '치值'이며 기다린다는 뜻으로서 하늘이 밝아오기를 기다리는 것을 이르며 모두 이르다는 뜻[早意]을 말한 것이다.
【索隱】 音犁 黎猶比也 謂比至天明也 漢書作 遲 音值 值 待也 謂待天明 皆言早意也

④ 圍宛城三帀위원성삼잡

| 색은 | 상고해보니 《초한춘추楚漢春秋》에는 "상남上南에서 완宛성을 공격할 때 정기旌旗(기와 깃발)를 숨기고 군사들은 함매銜枚(모두 입을 다 무는 것)시키고 말들은 혀[舌]를 묶고서 닭이 울지 않았을 때 완성宛城을 세 겹으로 포위했다.[三帀]"고 했다.

【索隱】 按 楚漢春秋曰 上南攻宛 匿旌旗 人銜枚 馬束舌 雞未鳴 圍宛城三帀也

⑤ 舍人사인

| 신주 | 안사고는 "마음과 뜻이 가까운 좌우 사람들의 통칭이다. 후에 사사로이 관아에 속해서 마침내 벼슬이름으로 삼았다."고 했다. 고대 중국에서는 권세 있는 가문은 재주 있는 식객을 두었는데, 이들을 사인舍人이라고도 했다.

이에 성을 넘어 패공을 만나 말했다.

"신은 족하께서 먼저 함양으로 들어간 자가 왕이 되기로 약속했다고 들었습니다. 지금 족하께서는 완성에 머물러 포위하고 계십니다. 완宛은 큰 군의 도성이며 수십여 개의 성城과 연결되어 백성도 많고 비축된 식량도 많은데다 관리나 백성들은 스스로 항복하게 되면 반드시 죽는다고 여기고 있습니다. 그래서 모두가 성에 올라 굳게 지킬 것입니다.[①] 지금 족하께서 하루 종일 이곳에 머물러 공격하신다면 군사들이 죽거나 다치는 자가 반드시 많을 것입니다. 군사들을 이끌고 완성을 떠나신다면 완성에서는 반드시 족하의 뒤를 쫓을 것입니다.[②] 그러면 족하께서는 앞으로는 함양에 먼저 들어간다는 약속을 잃을 것이고 뒤로는 또 강한 완성의 근심이 있게 될 것입니다. 족하를 위한 계책으로는 항복을 약속받는 것과 같은 것이 없습니다.[③] 완성의 군수를 후侯로 봉해서 머물러 지키게 하고[④] 그 군사들을 인솔하고 서쪽으로 진격하는 것입니다. 그러면 여러 성의 항복하지 않은 자들이 이 소식을 듣고 다투어 성문을 열고 기다릴 것이니 족하께서 통행하시는데 누累가 되는 바가 없을 것입니다."

패공이 말했다.

"좋소."[⑤]

乃踰城見沛公 曰 臣聞足下約 先入咸陽者王之 今足下留守宛 宛 大郡之都也 連城數十 人民衆 積蓄多 吏人自以爲降必死 故皆堅守乘城[①] 今足下盡日止攻 士死傷者必多 引兵去宛 宛必隨足下後[②] 足下前則失咸陽之約 後又有彊宛之患 爲足下計 莫若約降[③] 封其守 因使止守[④] 引其甲卒與之西 諸城未下者 聞聲爭開門而待 足下通行無所累 沛公曰 善[⑤]

① 乘城승성

색은 이기李奇는 "승乘은 지키는 것이다."라고 했다. 위소는 "승乘은
오르는 것이다."라고 했다.

【索隱】 李奇曰 乘 守也 韋昭曰 乘 登也

② 引兵去宛宛必隨足下後인병거완완필수족하후

신주 장량이 완성宛城을 반드시 함락시켜야 한다고 간언을 한 것은
남양 군대가 뒤에서 공격해오는 것을 우려한 것이었다.

③ 約降약항

신주 안사고는 "같이 약속을 요구하여 그 항복을 허락하는 것이다."
고 했다. 즉 투항을 해오면 항복을 허락하고 체제와 생명을 보장해주는
약속을 요구한 것이다.

④ 封其守因使止守봉기수인사지수

신주 군수를 완성宛城의 후侯에 봉하고 명령하여 이곳에 기거하면
서 성을 지키라는 것이다. 이것도 약항約降의 하나이다.

⑤ 沛公曰善패공왈선

서광은 "7월이다."라고 했다.

【集解】 徐廣曰 七月也

패공이 진회의 계책을 받아들인 때가 진 2세 3년(서기전 207년) 7월이라는 뜻이다.

이에 완의 군수를 은후殷侯로[1] 삼고 진회陳恢를 천호千戶로 봉했다.[2] 군사를 이끌고 서쪽으로 행진하는데 항복하지 않는 자가 없었다. 단수丹水에[3] 이르자 고무후高武侯 새鰓와[4] 양후襄侯 왕릉王陵은 서릉西陵에서 항복했다.[5] 패공이 돌아와 호양胡陽을[6] 공격하고 파군番君 별장 매현梅鋗을 만나서[7] 모두 함께[8] 석석과 역酈을[9] 항복시켰다.

乃以宛守爲殷侯[1] 封陳恢千戶[2] 引兵西 無不下者 至丹水[3] 高武侯鰓[4] 襄侯王陵降西陵[5] 還攻胡陽[6] 遇番君別將梅鋗[7] 與皆[8] 降析 酈[9]

---

① 殷侯은후

위소는 "은殷은 하내河內에 있다"고 했다.

【索隱】 韋昭曰 在河內

《신역사기》는 "《색은》은 위소를 인용하여 '하내에 있다'고 했는데, 상고해보니 위소가 '하내에 있다'고 일컬은 것은 옛 은殷나라 도읍지가 조가朝歌 일대이기 때문이다."라고 했다.

신주 은허殷墟는 지금의 하남성河南省 안양시安陽市 서북쪽에 위치하고 있다. 은나라의 별도別都인 조가는 현재의 기현淇縣에 있었다.

② 封陳恢千戶봉진회천호

신주 1,000호의 식읍食邑을 봉해주는 것을 말한다. 그래서 천호라고 불렀는데, 여러 제후의 아래 등급에 있는 직위이다.

③ 丹水단수

색은 위소는 "단수丹水는 하내에 있다."고 했다.
【索隱】 韋昭曰 在河內

정의 《괄지지》에는 "옛 단성丹城은 등주鄧州 내향현內鄉縣 서남쪽 130리에 있어 남쪽의 단수丹水와의 거리는 200보이다."라고 했다. 《급총기년汲冢紀年》에는 "후직后稷이 요임금의 아들 단주丹朱를 단수丹水로 추방한 곳이 이곳이다."라고 했다. 《여지지輿地志》에는 "진秦나라때 단수현丹水縣이 되었다."고 했다. 〈지리지〉에는 단수현은 홍농군弘農郡에 소속되었다고 했다. 《포박자抱朴子》에는 "단수丹水에서는 단어丹魚가 생산된다. 하지夏至보다 10일 앞서 밤에 엿보면 물고기가 물가에 떠오르는데 빛이 불[火]처럼 밝았다. 그물로 이를 잡아서 베어 그 피를 발에 바르면 물 위를 걸어 다닐 수 있고 오랫동안 시냇물 안에 있어도 빠지지 않는다."고 했다.

【正義】 括地志云 故丹城在鄧州內鄉縣西南百三十里 南去丹水二百步 汲冢紀年云 后稷放帝子丹朱于丹水是也 輿地志云 秦爲丹水縣也 地理志云 丹水縣屬弘農郡 抱朴子云 丹水出丹魚 先夏至十日 夜伺之 魚浮水側 光照如火 網而取之 割其血以塗足 可以步行水上 長居川中不溺

④ 鰓새

집해   소림은 "鰓는 발음이 '어새魚鰓(물고기 아가미)'의 '새'로 발음한다."고 했다. 진작晉灼은 "공신표功臣表에는 척새戚鰓이다."라고 했다.

【集解】 蘇林曰 鰓音魚鰓之鰓 晉灼曰 功臣表戚鰓也

신주   《신역사기》에 "고무후새高武侯鰓와 양후왕릉襄侯王陵은 단수에 있었는데 유방에게 귀부歸附한 것을 말한다."고 했다. 고무후새에 대해서 진작과 양옥승은 모두 《공신년표》에 의해 "원후척새轅侯戚鰓에 임했다."고 했다. '고무'는 이때 봉함 받은 호다. 안사고는 "'척새'는 아니며 당연히 별도의 사람인데 역사에는 그 성이 안 보인다."고 했다.

⑤ 襄侯王陵降西陵양후왕릉강서릉

집해   위소는 "한漢나라에서 왕릉王陵을 봉해 안국후安國侯로 삼았다. 처음 군사를 일으킬 때에는 남양南陽에 있었다. 남양에는 양현穰縣이 있으니 의심컨대 '양襄'은 마땅히 '양穰'이 되어야 하니 '화禾' 자가 생략된 것이다. 지금 '소공邵公'을 어떤 이는 '소召' 자로 쓰는데 이런 종류가 많다."고 했다. 신찬은 "당시 한성韓成을 양후穰侯에 봉했는데 강하江夏에 양襄이 있으니 이곳이 왕릉을 봉한 곳이다."라고 했다.

【集解】 韋昭曰 漢封王陵爲安國侯 初起兵時在南陽 南陽有穰縣 疑襄當爲穰 而無禾 字省耳 今邵公或作召字 此類多矣 瓚曰 時韓成封穰侯 江夏有襄是陵所封

색은 상고해보니 왕릉王陵을 안국후安國侯에 봉했지만 이는 패공이 천하를 평정하고 승상이 되었을 때 봉한 것이다. 여기에서 말하는 양후襄侯는 마땅히 신찬의 해설과 같이 아마도 처음에는 강하의 양襄에 봉한 것이다.

【索隱】 按 王陵封安國侯 是定天下爲丞相時封耳 此言襄侯 當如臣瓚解 蓋初封江夏之襄也

⑥ 胡陽호양

집해 다른 판본에는 '능陵'으로 되어 있다.

【集解】 一云 陵

색은 위소는 "남양현南陽縣에 있다."라고 했다.

【索隱】 韋昭曰 南陽縣

신주 남양현은 지금의 하남성 당하唐河현 서남쪽에 위치하고 있었다.

⑦ 番君別將梅鋗파군별장매현

신주 파군番君은 파현의 현령 오예吳芮를 가리킨다. 매현은 파현(지금의 강서성 파양현이다)의 현령 오예吳芮의 별장이었다. 이때 그는 석현析縣과 역현酈縣을 쳐서 항복시키는 등 많은 공을 세워 10만 호의 제후가 되었다.

⑧ 與皆여개

신주 농천瀧川은 "비각본과 고초본에 '개皆'를 '해偕'로 썼고, 《한서》에도 이를 합해서 썼다."고 했다. 유방과 매현 등이 함께 군사를 일으켰다는 뜻이다. 그래서 석현과 역현을 공격하여 함락시켰다.

⑨ 析酈석력

집해 여순은 "析은 발음이 '직[持益反]'이다."라고 했다.
【集解】 如淳曰 持益反

색은 추탄생鄒誕生은 "析은 '석錫'으로 발음하고 酈은 '역歷'으로 발음한다. 소림蘇林과 여순如淳은 발음이 '척擲'이며, 석析은 홍농군에 속해 있고, 역酈은 남양南陽에 속해 있다고 〈지리지〉에 나와 있다."고 했다. 《좌전》에는 "석析은 일명 백우白羽라고 한다."고 했다. 안사고는 "석析은 지금 금의 내향현內鄕縣이다. 역酈은 지금의 국담현菊潭縣이다."라고 했다.

【索隱】 鄒誕生音錫 酈音歷 蘇林 如淳音擲 析屬弘農 酈屬南陽 出地理志而左傳云 析一名白羽 顏師古云 析 今內鄕縣 酈 今菊潭縣

위魏나라 사람 영창甯昌을 파견해 진나라에 사신으로 보냈는데[1] 영창이 돌아오지 않았다.[2] 이때 장함은 이미 군대를 이끌고 조趙나라에서 항우에게 항복했다.[3]

遣魏人甯昌使秦[1] 使者未來[2] 是時章邯已以軍降項羽於趙[3]矣

---

① 遣魏人甯昌使秦견위인영창사진

신주 〈진시황본기〉에 "패공이 수만 명을 이끌고 이미 무관武關을 도륙하고 조고에게 사사로이 사람을 보냈다."고 했다. 이때 조고는 유방과 관중을 둘로 나눠 나란히 왕이 되려고 했다. 바로 이 일을 말한 것이다.

② 使者未來사자미래

신주 영창이 진나라 사신으로 가서 돌아오지 않은 것을 말하는 것이다.

③ 章邯已以軍降項羽於趙장함이이군항항우어조

신주 거록의 싸움에서 항우가 진나라의 왕리를 무너뜨리고 장함을 공격하니 장함이 군사를 이끌고 조나라에서 투항한 일을 말한다. 진 2세 황제 3년(서기전 207) 7월의 일이다.

> 이보다 앞서 항우와 송의는 북쪽으로 조나라를 구원하러 갔다가 항우가 송의를 살해하고 대신 상장군이 되자① 여러 장수와 경포黥布가② 모두 항우에게 소속되었다. 진秦나라 장수 왕리王離의 군대도 쳐부수고③ 장함이 항복하자 제후들이 모두 항우에게 붙었다.
>
> 初 項羽與宋義北救趙 及項羽殺宋義 代爲上將軍① 諸將黥布②皆屬 破秦將王離軍③ 降章邯 諸侯皆附

① 項羽殺宋義代爲上將軍항우살송의대위상장군

신주 항우가 상장군 송의가 제나라와 짜고 초나라를 배반하려 했다는 이유를 들어 죽이고 스스로 상장군이 된 사건을 말한다. 진 2세 황제 3년 11월의 일이다.

② 黥布경포

신주 처음에는 항량의 부장이었는데, 항우을 따라 거록鉅鹿에서 싸워 큰 공을 세웠다. 그후 초한전쟁이 시작되고 나서 유방에게 투항했다. 〈경포열전〉에 그 기록이 보인다.

③ 破秦將王離軍파진장왕리군

신주 진나라 왕리의 군대가 항우에게 크게 격파되었다. 거록 싸움에서 일어난 일이다.

조고趙高는 이미 진 2세二世를 살해했는데① 사자使者를 패공에게 보내와서 관중을 나누어 각자 왕이 될 것을 약속 받으려 했다.② 패공은 이를 거짓으로 여기고 이에 장량의 계책을 사용해서③ 역생酈生(역이기)과 육가陸賈를④ 보내서 진나라 장수들을 설득하는데 이익으로써 유혹하고 이로써 무관武關⑤을 공습해 무너뜨렸다.⑥ 또 진나라 군대와 남전藍田⑦ 남쪽에서 싸웠는데, 의병疑兵(가짜 군사)들에게 깃발을 더 벌려놓게 하고⑧ 여러 곳을 지나가면서 사람을 사로잡거나 노략질을⑨ 못하게 하자 진秦나라 사람들이 기뻐했으며 진나라의 군사들은 해이해져⑩ 이를 계기로 크게 쳐부수었다. 또 그 북쪽에서 싸워서 대파하고 승세를 타서 드디어 진나라를 무너뜨렸다.

及趙高已殺二世^① 使人來 欲約分王關中^② 沛公以爲詐 乃用張良計^③ 使酈生 陸賈^④往說秦將 啗以利 因襲攻武關^⑤ 破之^⑥ 又與秦軍戰於 藍田^⑦南 益張疑兵旗幟^⑧ 諸所過毋得掠鹵^⑨ 秦人喜 秦軍解^⑩ 因大破 之 又戰其北 大破之 乘勝 遂破之

① 趙高已殺二世조고이살이세

신주 진승 오광의 난을 시발로 전국에서 봉기가 일어나자 진나라는 급하게 기울어졌다. 이에 황제의 자리에 욕심이 난 조고는 호해를 찾아 가 자결할 것을 강요했고, 이를 견디지 못한 2세 황제 호해는 결국 자 결하고 말았다. 이때가 진의 2세 황제 3년 8월의 일로 그의 나이 22세 였다.

② 欲約分王關中욕약분왕관중

신주 청나라 학자 유월俞樾은 "조고는 유방과 관중을 나눠 왕 노릇 하자는 약조가 있었음이 확실하다."고 했다. 그러나 〈본기〉에서는 유방 이 이를 거짓으로 여겼는데, 사신으로 보냈던 영창이 돌아오지 않았기 때문으로 여겨진다. 유월은 저서로 《춘재당전집春在堂全集》이 있다.

③ 乃用張良計내용장량계

신주　장량의 계책은 '태공병법太公兵法'이었다. 이를 수시로 유방에게 권유해 큰 성과를 거두었다. 태공병법은 장량이 진시황을 암살하려다 실패하여 야인으로 살고 있었을 때 황석공黃石公으로부터 전수 받아서 공부했다는 책이다. 이를 육도삼략六韜三略이라고도 하는데, 태공병법과 육도삼략을 별개로 보아야 한다는 의견도 많다. 〈유후세가〉에 근거하여 장량의 계책을 살펴보면 장량이 유방에게 "먼저 사람을 보내 오만 명의 식량을 갖추게 하고, 깃발을 여러 산 정상에 매여 두어 병사들로 위장합니다. 이 후에 역이기酈食其를 보내 진나라 장수가 투항하도록 설득하는 것입니다."라고 했다. 이로써 장량의 계책이란 마치 이순신 장군이 유달산의 바위를 이용해 볏짚으로 가려 멀리서 보면 볏가리를 쌓아놓은 것처럼 보이게 하는 위장술이다.

④ 陸賈육가

신주　양옥승은 "'육가陸賈' 두 자는 문장 가운데 쓸데없이 끼인 연문衍文(쓸 데 없이 들어간 문장) 같다. 〈유후세가留侯世家〉·〈육가전陸賈傳〉과 《한서》〈장·육양전張·陸兩傳〉에 다 '육가'가 없기 때문이다."라고 했다. 그러나 육가는 역이기 못지않게 담판 능력이 뛰어나 남월왕南越王 조타趙佗를 회유하여 한漢에 복종시킨 적이 있었다. 그래서 연문이라고 단정할 수는 없다.

⑤ 武關무관

《좌전》에는 "초楚나라 사마司馬가 풍豊과 석析 두 고을 사람들을 일으켜서 상락上雒까지 다다라서는 진晉나라 사람들에게 '우리는 장차 소습산小習山을 통과할 것이다.'라고 말했다." 두예杜預는 "이곳을 상현商縣의 무관武關이다."라고 했다. 또 《태강지리지太康地理志》에는 "무관武關은 마땅히 관군현冠軍縣 서쪽에 있어야 하고 요관嶢關은 무관의 서쪽에 있어야 한다."고 했다.

【索隱】 左傳云 楚司馬起豐析以臨上雒 謂晉人曰 將通於少習 杜預以爲商縣武關也 又 太康地理志 武關當冠軍縣西 嶢關在武關西也

⑥ 因襲攻武關破之인습공무관파지

양옥승은 "상고해보니 〈월표〉·〈유후세가〉와 《한서》의 〈본기〉 및 〈열전〉은 패공이 진 2세 황제 3년 8월에 무관을 무너뜨렸고, 9월에는 진나라라는 장수 거拒를 요관嶢關에 보냈는데, 장량張良이 패공에게 깃발을 펴서 의병(가짜 병사)으로 삼으라고 말하고 역생酈生으로 하여금 진나라 장수를 속이는데 이롭게 했다. 이에 진나라 군대가 느슨해짐에 병사를 끌어들여 요관을 포위하고, 괴산蕢山을 넘어 남전藍田 남쪽을 격파했으니 그 일이 순서상 명백한 것이다. 그래서 이를 기록하면서 무관에 관한 일은 쓰지 않았으니 '무관'이라고 한 것은 곧 '요관'의 잘못된 기록이다."라고 했다. 《사기》에서 2세 황제 3년 8월에 패공이 무관을 무너뜨렸고 9월에 장량의 계략을 썼다고 기록한 것에 대해 양옥승은 이

서한(전한) 시기의 하천, 해안선, 오악

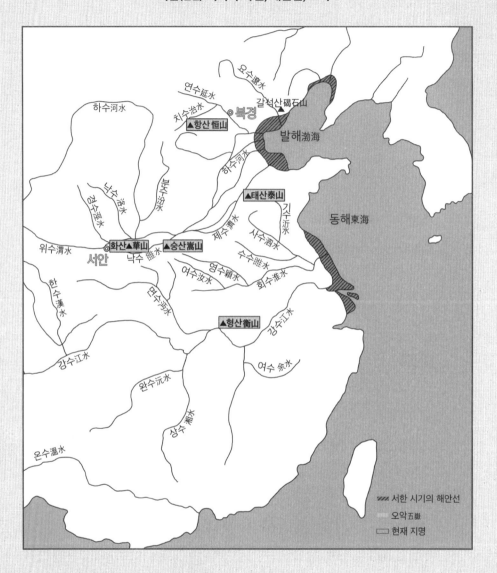

요수遼水
연수延水
갈석산碣石山
하수河水
치수治水
▲항산恒山
발해渤海
북경
낙수洛水
분수汾水
하수河水
경수涇水
▲태산泰山
동해東海
기수沂水
위수渭水
화산▲華山
▲숭산嵩山
제수濟水
사수泗水
서안
낙수雒水
수수睢水
한수漢水
여수汝水
영수潁水
회수淮水
면수沔水
▲형산衡山
강수江水
강수江水
여수余水
완수沅水
상수湘水
온수溫水

▨▨ 서한 시기의 해안선
오악五嶽
현재 지명

【참고문헌】
譚其驤,《中國歷史地圖集》, 1982, 中國社會科學院
劉向,《說苑》<辨物>

의를 제기하고 요관 → 괴산 → 남전으로 전로戰路가 진행되는 것이 맞는 순서라고 여겼다.

⑦ 藍田남전

신주 지금의 섬서성 남전현 서남쪽에 위치하고 있었다.

⑧ 益張疑兵旗幟익장의병기치

신주 이것이 장량의 계략에서 핵심이다. 즉 적에게 현 군력보다 그 힘을 부풀려 보여서 그들을 두렵게 하는 것이다.

⑨ 鹵로

집해 응소는 "노鹵는 '노虜'와 같다"고 했다.
【集解】 應劭曰 鹵與虜同

⑩ 秦軍解진군해

신주 '해解'는 '해懈(느슨해지다)'의 뜻이다. 진군이 느슨해졌다는 것은 이미 진군이 진秦에 대한 실망감과 전세가 기울어졌음을 알고 싸울 의사가 희박했음을 의미하는 것이다.

제2장

항우와 패권을
다투다

패공이 먼저 함양에 들어가다

한漢나라 원년(서기전 206) 10월,[1] 패공의 군사들이 드디어 제후들보다 먼저 패상霸上에[2] 이르렀다. 진왕 자영子嬰이[3] 흰 수레에 흰 말을 타고 목에 사조絲條를 매고서[4] 황제의 옥새와 부절[5]을 봉하고 지도정軹道亭[6] 옆에서 항복했다. 여러 장수들 중에 어떤 이는 진나라 왕을[7] 죽여야 한다고 말했다.

漢元年十月[1] 沛公兵遂先諸侯至霸上[2] 秦王子嬰[3]素車白馬 系頸以組[4] 封皇帝璽符節[5] 降軹道[6]旁 諸將或言誅秦王[7]

① 漢元年十月한원년시월

집해 여순如淳은 "〈장창전張蒼傳〉에는 고조高祖는 10월에 패상霸上에 이르렀다. 그래서 진秦나라의 10월을 한 해의 첫머리로 삼았다."고 했다.

【集解】 如淳曰 張蒼傳云 以高祖十月至霸上 故因秦以十月爲歲首

정의 패공沛公은 을미년乙未年 10월에 패상에 이르렀다. 항우項羽
가 18명의 제후들을 봉하면서 패공을 한왕漢王에 봉했다. 뒤에 유방劉
邦이 항우項羽와 5년 동안 전투를 해서 드디어 한漢나라가 초楚나라를
멸망시키면서 천하가 한漢나라로 돌아갔다. 그래서 되돌아가서 처음으
로 패상霸上에 이른 달을 기록한 것이다.

【正義】 沛公乙未年十月至霸上 項羽封十八諸侯 沛公封漢王 後劉項五年
戰鬪 漢逐滅楚 天下歸漢 故卻書初至霸上之月

신주 고대에는 왕조마다 정월正月 초하루를 따로 정해서 천명天命의
표지로 여겼다. 하夏나라는 인월寅月을 정월正月로 삼았고, 상商나라는
축월丑月을 정월正月로 삼았고, 주周나라는 자월子月을 정월正月로 삼았
는데, 이를 각각 인통人統(하나라), 지통地統(상나라), 천통天統(주나라)이
라고 한다. 《논어》에서 자장子張이 "십 세(열 왕조)를 미리 알 수 있습니
까?"라고 묻자 공자가, "은나라는 하나라의 예법을 계승했으니, 그 뺀
것과 보탠 것을 알 수 있으며, 주나라는 은나라의 예법을 계승했으니
그 보탠 것과 뺀 것을 알 수 있으므로, 혹시 주나라의 예법을 계승하는
나라가 있다면 비록 백세라도 미리 알 수가 있을 것이다."라고 말했다.
뒤의 왕조가 앞의 왕조의 전통을 계승하는 관례가 이런 과정을 거쳐 형
성되었다.

② 霸上패상

정의 옛 패릉霸陵은 옹주雍州 만년현萬年縣 동북쪽 25리에 있다. 한漢나라 패릉霸陵은 문제文帝의 능읍陵邑이며 동남쪽의 패릉과의 거리는 10리이다. 〈지리지〉에는 "패릉은 옛 지양芷陽이고 문제가 고친 명칭이다."라고 했다. 《삼진기三秦記》에는 "패성霸城은 진 목공秦穆公이 쌓아 궁宮을 만들어 이로 인해 이름을 패성이라고 했다. 한漢나라에서는 여기에 패릉을 설치했다."고 했다. 《묘기廟記》에는 "패성은 한 문제漢文帝가 쌓았다. 패공沛公이 관關으로 들어가 드디어 패상霸上에 이른 것이 곧 이곳이다."라고 했다.

【正義】 故霸陵在雍州萬年縣東北二十五里 漢霸陵 文帝之陵邑也 東南去霸陵十里 地理志云 霸陵故芷陽 文帝更名 三秦記云 霸城 秦穆公築爲宮 因名霸城 漢於此置霸陵 廟記云 霸城 漢文帝築 沛公入關 逐至霸上 卽此也

신주 《신역사기》에 이르길, (패상은) 당시의 함양성咸陽城 동남쪽, 지금의 서안西安시 동남쪽에 있었는데, 고대에 함양·장안 부근의 군사요지였다. 그 땅이 패수霸水 서쪽의 고원 위에 있으므로 패상이라 불렀다.

③ 子嬰자영

신주 자영(?~서기전 206년)은 진시황제의 장자 부소扶蘇의 아들로서 조고趙高가 이세 황제 호해胡亥를 살해한 후 황제로 옹립했다. 자영은 조고와 그 처자를 모두 죽였으나 그 자신도 불과 46일밖에 재위에 있지 못했고, 항우에게 살해되고 말았다.

④ 素車白馬係頸以組소차백마계경이조

신주 자영이 항복의 의미로 패공을 만나러 갈 때 했던 행색을 말한다. '소거素車'는 흰 포장을 치거나 장식을 하지 않은 수레인데, 장례에 관을 싣고 상주를 태울 때, 또는 군왕이 항복의 의미로 타고 가는 수레를 화려하지 않게 흰 천으로 꾸미는 것이다. '백마白馬'의 의미도 같다. 그래서 지금도 항복의 의미로 '백기를 든다'고 말하는데, 이에서 비롯되고 있음을 알 수 있다. 조組는 명주실로 땋은 납작한 끈으로써 이 끈을 목에 두르는 것도 항복하겠다고 표시하는 모양이다.

⑤ 璽符節새부절

색은 위소는 "천자인天子印(천자의 도장)은 새璽라고 칭하고 또 오로지 옥玉으로 만든다. 부符는 군사를 발동하는 부符이다. 절節은 사자使者가 드는 것이다."라고 했다. 《설문說文》에는 "부符는 신표이다. 한漢나라 제도에는 죽竹으로 만드는데 길이는 6치이고 나누었다가 서로 합하는 것이다."라고 했다. 《석명釋名》에는 "절節은 호령과 상벌의 절節이다. 또 절節은 모毛의 위와 아래가 서로 무겁고 대나무 마디의 형상을 취한 것이다."라고 했다. 또 《한관의漢官儀》에는 "자영子嬰이 시황의 옥새始皇璽와 복어服御(천자의 물건)를 바치자 한나라에서 이를 대대로 전수했는데, '한전국새漢傳國璽'라고 불렀다."라고 했다.

【索隱】 韋昭云 天子印稱璽 又獨以玉 符 發兵符也 節 使者所擁也 說文云 符 信也 漢制以竹 長六寸 分而相合 釋名云 節爲號令賞罰之節也 又節毛上 下相重 取象竹節 又漢官儀云 子嬰上始皇璽 因服御之 代代傳受 號曰 漢傳 國璽也

정의 상고해보니 천자天子는 육새六璽가 있는데 황제행새皇帝行璽, 황제지새皇帝之璽, 황제신새皇帝信璽, 천자행새天子行璽, 천자지새天子之璽, 천자신새天子信璽이다. 황제신새는 모든 일에 다 사용하는데 새령璽令을 시행한다. 천자신새는 옮기고 제수하고 왕후王侯를 봉하는데 사용한다. 천자지새는 군사를 발동하는데 사용한다. 모두 무도武都에서 나는 보랏빛 진흙으로 봉했는데 (자니봉紫泥封, 또는 자니서紫泥書), 주머니는 푸른색에 안은 희고 양쪽 끝은 꿰매지 않았다. 《삼진기三秦記》에는 "자니수紫泥水는 지금의 성주成州에 있다."고 했다. 《여지지輿地志》에는 한漢나라에서 조서詔書와 새서璽書를 봉할 때 보랏빛 진흙紫泥를 사용했는데, 곧 이 강의 진흙이라고 말했다.

【正義】 按 天子有六璽 皇帝行璽 皇帝之璽 皇帝信璽 天子行璽 天子之璽 天子信璽凡事皆用之 璽令施行 天子信璽以遷拜封王侯 天子之璽以發兵 皆以武都紫泥封 青囊白素裏 兩端無縫 三秦記云 紫泥水在今成州 輿地志云 漢封詔璽用紫泥 則此水之泥也

신주 진晉나라 이후 종이가 널리 보급되기 전까지는 대나무로 만든 죽간竹簡이나 나무로 만든 목독木牘을 사용해 문서를 썼는데, 이를 통칭해서 간독簡牘이라고 한다. 공문서는 그 내용의 유출을 방지하기 위해 간독을 목판 안에 넣고 노끈으로 봉하고 진흙을 바른 다음 그 위에 인장印章을 찍었는데 이를 봉니封泥, 또는 니봉泥封이라고 한다. 한나라 황제는 보랏빛 진흙을 봉니로 사용했기 때문에 자니紫泥, 자니봉紫泥封은 황제의 조서詔書를 대신하는 용어로도 사용되었다. 일제강점기 때 평양 지역에서 낙랑樂浪이라고 쓰여진 다수의 봉니가 출토되었지만 보랏빛 봉니는 하나도 없었다. 이 주석은 조선총독부의 봉니가 조작이란 사실을 새롭게 말해준다.

⑥ 軹道지도

색은 軹는 '지只'로 발음한다. 《한궁전소漢宮殿疏》에는 "지도정軹道亭은 동쪽 패성관霸城觀과 거리가 4리이고 패성관 동쪽으로 패수霸水와 거리가 100보이다."라고 했다. 소림蘇林은 "장안 동쪽 13리에 있다."고 했다.

【索隱】 軹音只 漢宮殿疏云 軹道亭東去霸城觀四里 觀東去霸水百步 蘇林云 在長安東十三里也

정의 軹는 '지紙'로 발음한다. 《괄지지》에는 "지도軹道는 옹주雍州 만년현萬年縣 동북쪽 16리 원苑 안에 있다."고 했다.

【正義】 軹音紙 括地志云 軹道在雍州萬年縣東北十六里苑中

신주 지도정軹道亭은 지금의 서안시 동북쪽으로 비정한다. 당시에는 함양성咸陽城 동남쪽에 있었다.

⑦ 秦王진왕

패공이 말했다.

"처음에 회왕懷王이 나를 보낸 것은 진실로 관용할 수 있으리라고 여겼기 때문이오. 하물며 사람이 이미 항복했는데도 죽이는 것은 상서롭지 못한 일이오."

이에 진왕秦王을 관리들에게 맡겼다.① 드디어 서쪽으로 함양에 들어갔다. 궁에 머물며 휴식하고자② 했는데, 번쾌와 장량의 간쟁에③ 따라서 진나라의 중요한 보물과 재물창고를 봉하고 돌아와 패상에서 주둔했다.④

沛公曰 始懷王遣我 固以能寬容 且人已服降 又殺之 不祥 乃以秦王屬①吏 遂西入咸陽 欲止宮休舍② 樊噲 張良諫③ 乃封秦重寶財物府庫 還軍霸上④

① 屬속

② 休舍휴사

정의 휴休는 '식息'이다. 궁전 안에서 머물러 거주하면서 휴식하려고
한 것을 말한 것이다.
【正義】 休 息也 言欲居止宮殿中而息也

③ 樊噲張良諫번쾌장량간

신주 이들의 간쟁을 패공이 받아들임으로써 '약법삼장約法三章'이
이루어졌음을 알 수 있다.

④ 還軍霸上환군패상

신주 예사倪思는 "병사들이 나라 도읍에 사람들을 들여보내서 중요
한 보물과 재물이 앞에 가득 쌓게 해놓고 이를 맡기고 가버렸다. 군대
를 돌려 패상으로 간 것은 지극히 어려운 일임으로 이는 곧 병사들에게
절제시키려고 한 것이라고 말할 수 있다."고 했다. 송나라의 유진옹劉辰
翁(1233~1297)은 "패상으로 군대를 돌리는 것은 본래 처음의 뜻은 아
니었으나 지모 있는 신하의 책략이 옳다고 여겼다. 제왕의 업을 기반으
로 해서 간웅의 마음을 그치게 하는 것이니 홀로 이것을 빌렸을 뿐이
다."고 했다. 따라서 패공은 병사들을 통제하여 절제하게 하면서 제왕
으로서의 기반을 다지기 위한 기회로 삼은 것이다.

또 여러 현縣의 부로父老들과 호걸들을 불러서 말했다.

"부로父老들께서는 진나라의 가혹한 법에 괴로워한지 오래되었습니다. 조정을 비방하는[1] 자들은 멸족당했고, 서로 마주하고 이야기한 자는 기시棄市되었습니다.[2] 나는 제후들과 먼저 관중으로 들어간 자가 왕이 되기로 약속했으니 내가 마땅히 관중의 왕이 될 것입니다. 나는 지금 부로들에게 세 가지 법을 약속할 뿐입니다.[3] 살인한 자는 사형에 처하고 남을 상하게 하거나 남의 물건을 훔친 자는 죄에 따라 처벌할 것입니다.[4] 나머지 진나라의 법을 모두 제거하겠습니다. 여러 관리들이나 백성들은[5] 모두 옛날처럼 편안하게 지낼 수 있을 것입니다.[6] 무릇 내가 이곳에 온 것은 부로들을 위해서 해로운 것을 제거하기 위해서지 침탈하거나 포악하게 하려는 것이 아니니 두려워하지 마시오. 또 내가 패상으로 돌아와서 주둔한 까닭은 제후들이 이르기를 기다려 약속을 확정하기 위한 것입니다."[7]

召諸縣父老豪桀曰 父老苦秦苛法久矣 誹謗[1]者族 偶語者弃市[2] 吾與諸侯約 先入關者王之 吾當王關中 與父老約 法三章耳[3] 殺人者死 傷人及盜抵罪[4] 餘悉除去秦法 諸吏人[5]皆案堵如故[6] 凡吾所以來 爲父老除害 非有所侵暴 無恐 且吾所以還軍霸上 待諸侯至而定約束耳[7]

① 誹謗비방

| 색은 | 유백장劉伯莊과 악언樂彦은 모두 '비[方未反]'로 발음한다고 했다. |

【索隱】 劉伯莊 樂彦同音方未反

② 偶語者棄市우어자기시

| 집해 | 응소는 "진秦나라에서는 백성들이 모여서 말하는 것을 금지했다. 우偶는 마주하는 것이다."라고 했다. 신찬은 "〈시황본기始皇本紀〉에는 마주 대하면서 경서經書에 대해 이야기하는 자는 기시棄市한다."고 했다. |

【集解】 應劭曰 秦禁民聚語 偶 對也 瓚曰 始皇本紀曰 偶語經書者棄市

| 색은 | 상고해보니 예禮에 "저자에서 사람을 처벌하면 대중과 함께 처벌한 사람을 저자에 버린다."고 했다. 그래서 지금 율律에 교형絞刑을 '기시弃市'라고 이르는 것이 이것이다. |

【索隱】 按 禮云 刑人於市 與衆棄之 故今律謂絞刑爲棄市 是也

③ 法三章耳법삼장이

| 색은 | 살인殺人·상인傷人·도적盜賊이다. |

【索隱】 殺人 傷人及盜

| 신주 | 패공이 진나라를 정복하고 자영과 그곳의 부로들에게 한 3가지 약속을 말한다. 즉 살인하거나 사람을 상하게 하거나 도둑질한 자를 |

징계하는 것이다.

④ 殺人者死傷人及盜抵罪살인자사상인급도저죄

집해 응소는 "저抵는 '이르다至', 또는 '마땅하다當'로, 진秦나라의 혹정酷政을 제거하는 것으로 다만 죄에 이른 것이다."라고 했다. 이비李 斐는 "사람을 상하게 하는 데는 곡직曲直이 있고, 훔쳐서 감추는 자에 게는 많고 적음이 있다. 죄명罪名을 미리 결정하기가 불가하다. 그래서 모두 죄에 이르는 것抵罪이라고 말했다. 무슨 죄에 이른 것인지는 알지 못한다."고 했다. 장안張晏은 "진법秦法은 한 사람이 죄를 범하면 온 집 안과 이웃 다섯 집까지 연좌시켰는데, 지금은 다만 그 자신만 해당시키 니, '부자와 형제에게는 죄가 서로 미치지 않는다.'는 강고康誥에 합치된 다."고 했다.

【集解】 應劭曰 抵 至也 又當也 除秦酷政 但至於罪也 李斐曰 傷人有曲直 盜臧有多少 罪名不可豫定 故凡言抵罪 未知抵何罪也 張晏曰 秦法 一人犯 罪 舉家及鄰伍坐之 今但當其身坐 合於康誥父子兄弟罪不相及也

색은 위소는 "저抵는 '당當'이다. 각각 그 죄에 해당함을 이른 것이 다."라고 했다. 지금 상고해보니 진법秦法에는 삼족지형三族之刑이 있었 는데, 한漢나라에는 다만 약법삼장約法三章이 있어서, 살인자殺人者는 죽이고 사람을 상하게傷人 하거나 도둑질을 한 자는 죄에 이르고 나머 지는 모두 그 허물을 논하지 않았으니 형을 감소시킨 것을 말한 것이다. 곧 저抵의 훈訓은 '지至'가 되는데, 살인 이외에는 오직 사람을 다치게 하거나 도둑질을 한 자만 죄명에 이르렀을 뿐이었다.

【索隱】 韋昭云 抵 當也 謂使各當其罪 今按 秦法有三族之刑 漢但約法三章耳 殺人者死 傷人及盜者使之抵罪 餘並不論其辜 以言省刑也 則抵訓爲至 殺人以外 唯傷人及盜使至罪名耳

⑤ 諸吏人제리인

신주 농천瀧川은 《고초본》에 '인人'을 '민民'으로 썼는데, 아래 글 '진나라 사람人이 크게 기뻐했다.' '사람人을 쓰려고 하지 않았다.' '사람에게 또 기쁨을 더했다.'처럼 세 '인人' 자는 또한 '백성 민民'으로 썼다." 고 했다. 여기에서는 '인人'이 '민民'으로서 그곳의 관리와 패상에 사는 백성들을 이른 것이다. 고대에는 지배층을 인人, 피지배층을 민民이라고 구별해서 썼다.

⑥ 案堵如故안도여고

집해 응소는 "상고해보니 '안案'은 버금가는 집이고 '도堵'는 담장이다."라고 했다.

【集解】 應劭曰 案 案次第 堵 牆堵也

신주 안도案堵는 안도安堵(편안하게 지냄)이다. 안도安堵 즉 편안하게 지낸다 함은 이사하지 않고 살 수 있게 해서 안도했다는 뜻이다.

⑦ 所以還軍霸上待諸侯至而定約束耳소이환군패상대제후지이정약속이

신주 《신역사기》에 명나라 학자 능치융凌稚隆은 진덕수眞德秀의 말을 인용하여 "온갖 말 재주로 난폭한 진나라의 폐단을 일제히 씻어내겠다고 널리 알리는 말인데, 이것은 이른바 '때맞춰 비가 내리니 백성이 크게 기뻐한다.'는 것이다."라고 했다.

이에 사람을 보내서 진나라의 관리들과 함께 현縣, 향鄕, 읍邑을 다니면서 알리고 깨우치게 했다. 진나라 사람들이 크게 기뻐하면서 다투어 소와 양과 술과 음식들을 헌납해서① 군사들을 먹이게 했다. 패공이 또 사양하고 받지 않으면서 말했다.

"창고에 곡식이 많이 있어서 궁핍하지 않으니 백성의 것을 쓰고 싶지 않습니다."

백성이 더욱 기뻐하면서 오로지 패공이 진왕秦王이 되지 못할까 걱정했다.②

乃使人與秦吏行縣鄉邑 告諭之 秦人大喜 爭持牛羊酒食獻饗①軍士 沛公又讓不受 曰 倉粟多 非乏 不欲費人 人又益喜 唯恐沛公不爲 秦王②

---

① 獻饗헌향

신주 술과 음식으로 남을 대접하는 것이다. 호상牛賞, 호노牛勞의 의미이다.

② 人又益喜唯恐沛公不爲秦王인우익희유공패공불위진왕

신주 진나라 백성들이 시황제와 2세 황제를 거치면서 강력한 법가적 통치에 대해 민심이 이반離反되어 있다가 패공이 관중으로 들어갔을 때, 사람을 사로잡거나 노략질을 못하게 하니 기뻐했고, 약법삼장約法三章과 안도案堵할 수 있게 함에 크게 기뻐했고, 헌향獻香을 사양함에 더욱 기뻐했음을 말한 것이다. 그래서 진나라 사람들은 패공이 진왕이 되지 못할까 두려워했다는 것이다.

어떤 이가 패공을 설득하면서[1] 말했다.

"진秦나라의 부유함은 천하보다 열 배나 되고 지형이 견고합니다. 지금 들으니 장함이 항우에게 항복했다고 합니다. 그러자 항우가 장함을 옹왕雍王이라고 호칭하고 관중關中에서 왕을 시킬 것이라고 합니다. 지금 그가 오게 된다면 패공께서 이곳을 갖지 못할까 두렵습니다. 급하게 군사들에게 함곡관을[2] 지키게 해서 제후군들이 안으로 들어오지[3] 못하게 하고 점차 관중의 군사들을 더 징집해 그 수를 늘려서 막아야 할 것입니다."

패공이 그 계책이 그럴듯하다고 여기고 따랐다.[4]

或說沛公[1]曰 秦富十倍天下 地形彊 今聞章邯降項羽 項羽乃號爲雍王 王關中 今則來 沛公恐不得有此 可急使兵守函谷關[2] 無內[3]諸侯軍 稍徵關中兵以自益 距之 沛公然其計 從之[4]

① 或說沛公혹설패공

색은 상고해보니 《초한춘추》에는 해선생解先生(추생)이 "군사를 보내서 함곡관을 지킨다면 항왕項王(항우)이 안으로 들어오지 못할 것이다." 라고 말했다고 했다. 〈장량계가張良系家〉에는 '추생鯫生이 나를 설득했다.'라고 했는데 곧 추생鯫生은 소생小生으로서 곧 해생解生이다.

【索隱】 按 楚漢春秋云 解先生云 遣守函谷 無內項王 而張良系家云 鯫生說我 則鯫生是小生 卽解生

② 函谷關함곡관

<u>정의</u> 안사고는 "지금 도림桃林의 남쪽에 있는 홍유간洪溜澗이 옛 함곡函谷이다. 그 물이 북쪽으로 흘러 하수河水로 들어가는데 서쪽 언덕에 그대로 옛날 관關의 남은 흔적이 있다."고 말했다.《서정기西征記》에는 "길의 형태가 함函(상자)과 같다. 그 물과 산과 언덕과 벽이 서 있는 것이 수십여 인仞이 되는데 계곡 가운데 수레 1대만 허용할 수가 있다."고 했다.

【正義】 顔師古曰 今桃林南有洪溜澗 古函谷也 其水北流入河 西岸猶有舊關餘跡 西征記云 道形如函也 其水山原壁立數十仞 谷中容一車

<u>신주</u> 인仞은 옛날 길이의 단위로 7~8자가 1인이다. 함곡관은 지금의 하남성 영보靈寶의 남쪽 5㎞ 지점에 위치하고 있고, 하남성 서북부에서 관중으로 통하는 관문이다. 황토층의 절벽으로 둘러싸인 골짜기에 관문을 지었는데, 골짜기가 상자 모양을 이루고 있다고 해서 함곡函谷이라고 이름한 것이다.

③ 內내

<u>신주</u> 내內는 '납納(들이다)'의 뜻이다.

④ 沛公然其計從之패공연기계종지

《색은索隱》에 "《초한춘추》에 이르길 '해선생은 (유방이 군사를) 보내 함곡관을 지키게 해서 항우가 들어가지 못했다.'고 했는데, 〈장량세가〉에는 '소인인 제가 말합니다.'라고 하여 곧 추생鯫生은 '소생'으로 해생解生을 이른다."라고 했다. 패공이 패현에서 진을 치고 있을 때 '항우가 함곡관으로 들어오지 못하게 막아야 한다.'는 패현에 사는 어느 사람의 의견을 따랐다는 말이다.

11월에① 항우가 과연 제후의 군사들을 인솔하고 서쪽으로 와서 함곡관에 들어오고자 했으나 관문이 닫혀 있었다. 항우는 패공이 이미 관중을 평정했다는 소식을 듣고 크게 화가 나서 경포 등을 시켜 함곡관을 공격해 부수라고 했다.② 12월 중에③ 드디어 희수戲水에④ 이르렀다. 패공의 좌사마左司馬 조무상曹無傷은 항왕이 화가 나서 패공을 공격하려 한다는 소식을 듣고 사람을 시켜 항우에게 말하게 했다.

"패공은 관중에서 왕이 되려고 하면서 자영子嬰을 재상으로 삼고⑤ 진귀한 보물들을 모두 가지려고 합니다."

十一月中① 項羽果率諸侯兵西 欲入關 關門閉 聞沛公已定關中 大怒 使黥布等攻破函谷關② 十二月中③ 遂至戲④ 沛公左司馬曹無傷聞項王怒 欲攻沛公 使人言項羽曰 沛公欲王關中 令子嬰爲相⑤ 珍寶盡有之

① 十一月中 십일월중

신주 양옥승은 "'11월'은 마땅히 위의 '모든 현의 부로와 호걸을 불렀다'는 문구文句의 앞으로 옮겨야 하며 '중中' 자는 연衍자이기 때문에 없애야 한다."고 말했다. 〈월표〉와《한서》·《고기》에 의하면 약법삼장約法三章을 말한 것은 11월이었다.

② 使黥布等攻破函谷關 사경포등공파함곡관

신주 《예문류취》는《초한춘추》를 인용하여 "대장 아보亞父가 관문에 이르러서 들어가지 못하자 화가 나서 '패공이 배반하려 하는 것인가?'라고 말하고는 즉시 집으로 가 섶 한 묶음을 가져오라고 명령을 내려 관문을 태우려고 했는데 관문이 이내 열렸다."고 했다.

③ 十二月中 십이월중

신주 양옥승은 "12월 중 네 글자는 마땅히 '항우과솔제후병서項羽果率諸侯兵西'라는 문장 앞에 있어야 한다. 대개 약속한 세 가지 법은 십일월에 있었고 항우가 함곡관을 무너트린 일은 12월이다. 〈월표〉와《한서》·《고기》가 증명한 것이다."고 했다.

④ 戲 희

신주 지금의 서안시西安市 동북쪽에 위치한 강이다.

⑤ 沛公欲王關中令子嬰爲相패공욕왕관중령자영위상

신주 《신역사기》에 상고해보니 "령을 내려 자영子嬰을 재상으로 삼았다."는 일은 오직 이곳과 〈항우본기〉에 두 번 조무상曹無傷의 입에서 나왔는데, 유방이 이런 뜻이 있었는지는 알지 못한다고 했다.

이에 항우에게 봉함을 얻고자① 했던 것이다. 아보亞父는② 항우에게 패공을 공격하라고 권했다. 장차 군사들을 배불리 먹이고 다음날 아침 맞붙어 싸우려고 했다. 이때 항우의 군사는 40만 명이었는데 100만 명이라고 불렀다. 패공의 군사는 10만 명인데 20만 명이라고 불렀지만 항우의 군사를 힘으로 대적할 수 없었다. 때마침 항백項伯이 장량張良을 살리려고③ 밤에 가서 장량을 만나고, 문文으로 항우를 달래니④ 항우가 이에 중지했다. 패공이 100여 기병을 따르게 하고 말을 몰아 홍문鴻門으로 가서⑤ 항우를 만나 사과했다.⑥

欲以求封① 亞父②勸項羽擊沛公 方饗士 旦日合戰 是時項羽兵四十萬 號百萬 沛公兵十萬 號二十萬 力不敵 會項伯欲活張良③ 夜往見良 因以文諭項羽④ 項羽乃止 沛公從百餘騎 驅之鴻門⑤ 見謝⑥項羽

① 求封구봉

정의 ┃ 조무상曹無傷이 항우에게 나아가 봉封함을 구하고자 했다.

【正義】 曹無傷欲就項羽求封

신주 ┃ 패공의 좌사마左司馬 조무상曹無傷이 항우에게 패공을 모함한
것은 그 대가로 봉지를 받고 싶은 욕망 때문이었다는 말이다.

② 亞父아보

색은 ┃ 아보亞父(아버지 다음 가는 사람)는 범증范增이다. 항우가 범증을
얻고 아부亞父라고 호칭했는데, 아버지 다음으로 높임을 말한 것이다.
관중管仲을 제齊나라에서 중보仲父라고 이른 것과 같은 것이다. 부父는
'보甫'로 발음한다.

【索隱】 范增也 項羽得范增 號曰亞父 言尊之亞於父 猶管仲 齊謂仲父 父
並音甫也

③ 項伯欲活張良항백욕활장량

신주 ┃ 안사고는 "백伯은 자字이고 이름은 전纏이다."고 했다. 항백이
살인을 저지르고 도망할 때 장량이 보호해 준 인연 때문 항백과 장량
은 아주 가깝다. 그런데 항우가 패공의 군영을 치려하자 항백은 장량을
살려야겠다는 생각에 밤중에 그를 만나러 온 것이다. 패공도 홍문지연

鴻門之宴에서 항백의 도움으로 항우로부터의 목숨을 건질 수 있었다.

④ 以文諭項羽이문유항우

정의 〈항우본기〉에는 "항백項伯이 말하기를 '패공沛公이 먼저 관중關中을 쳐부수지 않았다면 공公이 어떻게 감히 들어왔겠는가? 지금 대공大功이 있는 사람을 공격하는 것은 불의不義이다.'라고 했는데, 이를 문文으로써 타이른 것이다."라고 했다.

【正義】 項羽本紀云 項伯曰 沛父不先破關中 公豈敢入乎 今人有大功 擊之不義 此以文諭之

신주 《신역사기》에 "이 구의 주어는 유방이다."라고 했다. 양옥승은 "상고해보니 〈항우본기〉와 《한서》에서 항백이 항우에게 말해서 문文으로써 항우를 타일렀다고 했는데 이는 오류이다."라고 말했다. 농천瀧川은 "항백이 문장으로써 의탁했다고 했는데 또한 알 수 없다."고 했다. 생각해보니 이것과 〈항우본기〉에 같은 사건을 서술했는데 말하는 방법이 같지 않았다.

⑤ 驅之鴻門구지홍문

색은 상고해보니 요찰姚察이 이르기를 신풍新豊 옛 성 동쪽에 있는데 희수戲水에는 이르지 못하며 길 남쪽 언덕에 절벽이 있고 남북으로 통문洞門이 있는 곳이라고 했다.

【索隱】 按 姚察云 在新豐古城東 未至戲水 道南有斷原 南北洞門是也

신주　《신역사기》는 "지금의 임동성 동쪽에 있는데 그 땅을 지금은 항왕영項王營이라고 부른다."고 했다. 홍문鴻門은 항우가 관중으로 들어와 진을 치고 있었고, 패공을 만나 잔치를 벌였던 곳이다. 홍문에서 항우와 패공의 만남은 역사의 흐름을 바꾸는 매우 중요한 사건이다. 이때 항우가 유방을 죽였다면 초한대전의 결말이 달라질 수 있었다. 홍문지연鴻門之宴이 아니라 홍문지변鴻門之變이 있었다면 항우가 승리했을 것이다.

⑥ 謝사

신주　함곡관을 막은 것과 떠도는 훼언毀言(패공은 관중에서 왕이 되려고 하면서 자영을 재상으로 삼고 진귀한 보물들을 모두 가지려고 한다는 말)에 대한 진의眞意가 없는 사과였다. 패현 사람들이 항우에 대한 두려움과 패공을 왕으로 모시지 못할 것을 우려해 관문을 막아야 한다는 의견을 받아들여 막은 것과 패공의 좌사마인 조무상의 모략으로 인하여 항우의 노여움을 샀던 것이다.

항우가 말했다.

"이는 패공의 좌사마인 조무상이 말한 것이오. 그렇지 않다면 이 항적이 어찌 이런 일을 만들었겠소?"①

패공이 번쾌와 장량 덕분에 풀려나서 돌아갈 수 있었다. 돌아와서 곧바로 조무상曹無傷을 죽였다.

項羽曰 此沛公左司馬曹無傷言之 不然 籍何以生此① 沛公以樊噲 張良故 得解歸 歸 立誅曹無傷

① 何以生此하이생차

신주 청나라의 왕념손王念孫은 "생生은 '지至' 자의 오誤자임이 마땅하다."라고 했다. 장가영張家英은 《사기》〈무영전본〉·《회주고증》본에 나란히 '지至'로 씌여 있다. 《한서》 또한 '생生'을 고쳐 '지至'로 했는데, 《사기》만 홀로 '생生'을 고치지 않고 사용하는 것은 그럴듯하나 타당하지 않다."고 기록했다. 그러나 '생生'과 '지至'의 근본적인 요소는 다르지 않다. '지至' 자는 화살이 땅에 다다라 박힌 모양이고, '생生' 자는 싹이 땅속에서 뚫고 나온 모양이어서 글자가 생성된 위치와 모양이 서로 통하기 때문에 어떤 글자를 써도 문文을 통하는 데는 어색함이 없다.

항우가 드디어 서쪽으로 가서 함양의 진나라 궁실을 닥치는 대로 불태워[1] 지나는 곳이 부서지지 않은 곳이 없었다.[2] 진나라 사람들이 크게 실망했으나 두려워 감히 복종하지 않을 수가 없었다.

項羽逐西 屠燒咸陽秦宮室[1] 所過無不殘破[2] 秦人大失望 然恐 不敢不服耳

① 屠燒咸陽秦宮室도소함양진궁실

신주　〈항우본기〉에 "항우가 서쪽으로 병사를 이끌고 함양에 쳐들어가 사람들을 도륙하고, 항복한 진왕 자영을 죽였다. 진나라 궁실을 불살랐는데 불이 3개월 동안 꺼지지 않았다. 그 재물과 보물과 부녀자들을 거두어서 동쪽으로 옮겼다."고 했다. 이는 항우의 무도無道함과 진나라의 웅려雄麗함을 보여주는 것이다.

② 所過無不殘破소과무불잔파

신주　유함흔은 "이 문구와 '진나라 사람들은 크게 좋아했는데 단지 유방이 두려워서 진왕이 아니라고 했다[秦人大善, 唯恐劉邦不爲秦王]'의 글이 서로 대조對句적이다. 이것은 곧 사마천이 뜻을 두고 쓴 것이다."고 했다. 즉 패공과 항우 두 사람의 성향이 매우 다름을 말하는 것이지만 항우의 잔인한 면을 부각시키고 유방의 인간성을 높이기 위한 문장이다.

항우項羽는 사신을 보내 회왕에게 보고하게 했다. 회왕이 말했다.
"약속대로 하라."[2]

항우는 자신이 패공과 함께 서쪽 관중으로 들어가는 것을 회왕
이 싫어해 북쪽으로 조나라를 구하게 해서 천하 제후들과의 약
속에 뒤지게 된 것을[3] 원망했다. 이에 말했다.

"회왕은 우리 집안 숙부인 항량께서 세웠을 뿐 정벌한 공로가
어떻게 약속을 주관할 수 있겠는가? 본래 천하를 평정한 것은
여러 장수들과 이 항적이다."

이에 겉으로는 회왕을 높여 의제義帝로 삼았지만 실제로는 명령
을 따르지 않았다.

項羽使人還報懷王 懷王曰 如約[2] 項羽怨懷王不肯令與沛公俱西入
關 而北救趙 後天下約[3] 乃曰 懷王者 吾家項梁所立耳 非有功伐 何
以得主約 本定天下 諸將及籍也 乃詳尊懷王爲義帝 實不用其命

---

② 如約여약

신주 초회왕 웅심은 대신들에게 패공과 항우 중 먼저 관중에 들어
간 자를 왕으로 삼겠다고 한 약속을 말한다.

③ 後天下約후천하약

회왕懷王의 처음 약속은 먼저 함양咸陽에 들어간 자가 왕이 된다고 했는데, 항우에게 명을 내려 북쪽 조나라를 구하게 했다. 그래서 약속이 틀어져 뒤처지게 되었다는 뜻이다.

【正義】 懷王初約先入咸陽者王之 令羽北救趙 故失約在後也

정월,① 항우가 스스로 서초패왕西楚霸王으로 즉위해 양梁과 초楚 땅의 9개 군郡을② 다스리는 왕이 되어 팽성彭城에 도읍했다. 또 본래의 약속을 어기고 패공을 한왕漢王으로③ 다시 세워서 파巴와 촉蜀과 한중漢中의④ 왕으로서 남정南鄭에⑤ 도읍하게 했다. 관중關中을 셋으로 나누어 진秦나라의 세 장수를 세웠으니 장함을 옹왕雍王으로 삼아⑥ 폐구廢丘에 도읍하게 하고, 사마흔을 새왕塞王으로 삼아⑦ 역양櫟陽에⑧ 도읍하게 하고, 동예董翳를 적왕翟王으로 삼아⑨ 고노高奴에 도읍하게 했다.

正月① 項羽自立爲西楚霸王 王梁 楚地九郡② 都彭城 負約 更立沛公 爲漢王③ 王巴 蜀 漢④中 都南鄭⑤ 三分關中 立秦三將 章邯爲雍王⑥ 都廢丘 司馬欣爲塞王⑦ 都櫟陽⑧ 董翳爲翟王⑨ 都高奴

---

① 正月정월

정의 최호崔浩는 "사관史官은 정월正月로써 네 계절의 벼리를 삼기 때문에 정월正月이라고 썼다."라고 했다. 순열荀悅은 "봄이 먼저이고 뒤가 정월이다."라고 했다. 안사고는 "무릇 이 모든 달[月]의 이름은 모두 태초太初 책력이 정해진 후에 사건을 기록하는 자가 따라서 고친 것이지 당시의 본래 칭호는 아닐 것이다. 시월로써 세수歲首를 삼으면 곧 시월이 정월이 된다. 지금의 이 정월은 당시에는 사월이라고 일렀던 것이다. 다른 것들도 모두 이를 본받는다."고 했다.

【正義】 崔浩云 史官以正月紀四時 故書正月也 荀悅云 先春後正月也 顔師古云 凡此諸月號 皆太初正曆之後記事者追改之 非當時本稱也 以十月爲歲首 即以十月爲正月 今此正月 當時謂之四月也 他皆放此

② 梁楚地九郡양초지구군

신주 《사기》〈화식열전貨殖列傳〉에 "회북淮北, 패군沛郡, 진주陳州, 여남汝南, 남군南郡은 서초西楚가 되고 팽성彭城에서 동쪽으로 동해東海, 오군吳郡, 광릉廣陵은 동초東楚가 되고 형산衡山, 구강九江, 강남江南, 예장豫章, 장사長沙는 남초南楚이다."라고 했다. 전조망全祖望(1704~1755)은 "서초를 동해東海, 사수泗水, 회계會稽, 남양南陽, 금중黔中, 동군東郡, 탕군碭郡, 초군楚郡을 지칭한다."고 했다. 그러나 구군九郡을 여러 곳에서 비정하고는 있으나 일정하지 않아 정확히 알 수 없으나 지금의 하남성河南省 동부, 산동성山東省부터 아래로 강소성江蘇省과 안휘성安徽省의 북부지방까지라고 추정할 수는 있다.

③ 漢王한왕

[정의] 양주梁州는 본래 한중군漢中郡인데 한수漢水로써 이름을 삼았다.

【正義】 梁州本漢中郡 以漢水爲名

④ 巴蜀漢파촉한

[정의] 서광은 "32개 현縣이다."라고 했다.

【集解】 徐廣曰 三十二縣

⑤ 南鄭남정

[신주] 지금의 섬서성 한중漢中이다. 서안西安과 함양咸陽 서남쪽에 있다.

⑥ 章邯爲雍王장함위옹왕

[정의] 기주岐州 옹현雍縣을 이름으로 삼았다.

【正義】 以岐州雍縣爲名

⑦ 司馬欣爲塞王사마흔위새왕

[정의] 塞는 발음이 '새[先代反]'다. 위소는 "장안長安 동쪽에 있는데 이름이 도림새桃林塞이다."라고 했다. 상고해보니 도림새는 지금의 화주

華州 동관潼關이다. 안사고는 "하河와 화華의 견고한 것을 취해서 험준한 새塞가 되었을 뿐이지 도림桃林은 아니다."라고 했다.

【正義】 塞 先代反 韋昭云 在長安東 名桃林塞 按 桃林塞今華州潼關也 顏師古云 取河華之固爲阨塞耳 非桃林

신주 사마흔(?~서기전 203년)은 진의 악양에서 옥연으로 있을 때 조구趙咎의 부탁을 들어주어 옥에 가친 항량項梁을 살려줌으로써 초와 인연을 맺었다. 진승陳勝·오광吳廣의 난 때 장함을 따라 반란군을 진압하는데 공을 세웠다. 후에 장함에게 항우의 군진으로 투항을 할 것을 권유한 것과 향량의 일로 인연하여 새왕으로 봉함을 받았다. 그 후 서기전 206년 한군에게 패하여 유방에게 투항하여 귀속했다가 서기전 205년 팽성彭城대전에서 패배하고 또 항우에게 귀속했다. 서기전 203년 팽월彭越을 치러 출진하다가 사수泗水에서 크게 패해 자결했다.

⑧ 櫟陽역양

색은 태상황太上皇을 장례 치렀으므로 만년萬年으로 고쳤다.

【索隱】 因葬太上皇 改曰萬年

⑨ 董翳爲翟王동예위적왕

정의 문영文穎은 "본래 상군上郡이며 진秦나라에서 설치한 곳인데 항우가 동예董翳로써 왕王으로 삼고 이름을 고쳐서 적翟이라고 한다."

고 했다.

【正義】 文穎云 本上郡 秦所置 項羽以董翳爲王 更名曰翟也

신주 동예(?~서기전 203년)는 진나라의 도위都尉로 있을 때 장함을 따라 진승陳勝·오광吳廣의 반란 진압에 참전했다. 장함을 항우에게 항복하도록 권유하여 투항하게 했고, 항우가 항복한 진군을 생매장할 때 장함, 사마흔과 함께 살아 남았다. 장함을 투항하게 한 공적을 인정받아 관중 지방의 적왕翟王으로 봉함을 받았다. 그 후 서기전 206년 유방에게 패하여 항복했다가 서기전 205년 팽성彭城대전에서 패배하고 항우에게 항복했다. 서기전 203년 팽월彭越을 치러 출진했다가 사수泗水에서 크게 패해 사마흔과 함께 자결하였다.

초나라의 장수 하구신양瑕丘申陽을 하남왕河南王으로[1] 삼아 낙양洛陽에 도읍하게 했다. 조趙나라 장수 사마앙司馬卬을 은왕殷王으로[2] 삼아 조가朝歌에 도읍하게 했다. 조왕趙王 헐歇을 옮겨서 대왕代王으로 삼았다. 조趙나라의 재상인 장이張耳를 상산왕常山王으로 삼아 양국襄國에 도읍하게 했다. 당양군當陽君[3] 경포黥布를 구강왕九江王으로 삼아 육六[4] 땅에 도읍하게 했다. 회양의 주국柱國 공오共敖를 임강왕臨江王으로[5] 삼아 강릉江陵에 도읍하게 했다. 파군番君 오예吳芮를 형산왕衡山王으로 삼아 주邾에[6] 도읍하게 했다. 연燕나라의 장수 장도臧荼를[7] 연왕燕王으로 삼아 계薊에 도읍하게 했다. 옛 연왕燕王 한광韓廣은 옮겨서 요동의 왕으로 삼았는데 한광이 듣지 않자 장도가 공격해 무종無終에서 죽였다. 성안군成安君 진여陳餘를 하간河間의 3개 현에 봉하고 남피南皮에 거주하게 했다. 매연梅鋗을 10만 호에 봉했다.

楚將瑕丘申陽爲河南王[1] 都洛陽 趙將司馬卬爲殷王[2] 都朝歌 趙王歇徙王代 趙相張耳爲常山王 都襄國 當陽[3]君黥布爲九江王 都六[4] 懷王柱國共敖爲臨江王[5] 都江陵 番君吳芮爲衡山王 都邾[6] 燕將臧荼[7]爲燕王 都薊 故燕王韓廣徙王遼東 廣不聽 臧荼攻殺之無終 封成安君陳餘河間三縣 居南皮 封梅鋗十萬戶

① 河南王하남왕

　[정의] 황하黃河의 남쪽에 있어서 하남河南이라고 했는데, 지금의 하남부河南府이다.

【正義】 在黃河之南 故曰河南 即今河南府

② 殷王은왕

　[정의] 상商나라 임금帝인 반경盤庚의 국가는 은殷나라 안의 땅이었으므로 상商을 고쳐서 은殷이라고 했는데 상주相州 안양현安陽縣에 있으니 곧 북몽은허北蒙殷墟인데, 남쪽 조가朝歌와 136리의 거리이다. 그래서 은왕殷王이라고 호칭하고 조가朝家에 도읍했다.

【正義】 以商帝盤庚國殷中之地 改商爲殷 在相州安陽縣 即北蒙殷墟 南去朝歌百三十六里 故號殷王 都朝歌

③ 當陽당양

　[색은] 위소는 "남군南郡의 현 이름이다."라고 했다.

【索隱】 韋昭云 南郡縣名

④ 六육

　[색은] 〈지리지〉에는 "육현六縣은 육안국六安國에 속한다."고 말했다.

【索隱】 地理志云 六縣屬六安國

지금의 안휘성安徽省 육안시六安市에 위치하고 있었다.

⑤ 臨江王임강왕

정의 맹강孟康이 "본래 남군南郡인데 임강국臨江國으로 고쳤다."고
한 것이 이곳이다.

【正義】 孟康云 本南郡 改爲臨江國 是也

⑥ 邾주

색은 《태강지리지》에는 "초楚나라가 주邾나라를 멸망시키고 그 나라
사람들을 강남江南으로 옮기고 따라서 현縣의 이름이 되었다."고 했다.

【索隱】 太康地理志云 楚滅邾 遷其人於江南 因名縣也

⑦ 臧荼장도

신주 장도(?~서기전 202년)는 진나라 말기 전한초의 사람으로 한때
항우 18제후 중 하나로 연왕에 봉해졌다. 후에 한나라에 투항했으나
유방에게 죽임을 당했다.

4월, 휘하의[1] 군사들을 해산하고 제후들이 각자의 나라로 나아 갔다. 한왕이 나라로 가자[2] 항왕이 졸병 3만 명을 보내 따르게 했는데[3] 초나라와 다른 제후들이 사모해서 따르는 자가 수만 명이나 되었다. 두현杜縣[4] 남쪽을 따라 역(식)蝕[5] 안으로 들어갔다. 떠나면서 번번이 잔도棧道를[6] 불태워 끊음으로써 제후들의 도병盜兵들이 습격할 것을 대비하고, 또한 항우에게 동쪽에 뜻이 없음을 보였다.[7] 남정南鄭에 이르니 여러 장수들과 사졸士卒들이 도중에 도망쳐 돌아간 자가 많았다. 사졸들은 모두 동쪽으로 돌아갈 생각에 노래를 불렀다.[8]

四月 兵罷戲下[1] 諸侯各就國 漢王之國[2] 項王使卒三萬人從[3] 楚與諸侯之慕從者數萬人 從杜[4]南入蝕[5]中 去輒燒絶棧道[6] 以備諸侯盜兵襲之 亦示項羽無東意[7] 至南鄭 諸將及士卒多道亡歸 士卒皆歌思東歸[8]

① 戲下휘하

정의 戲는 '휘麾'로 발음한다. 허신許愼이 《회남자淮南子》〈주석서〉에서 "휘戲는 '큰 기旗'이다."라고 말했다.
【正義】 戲音麾 許愼注淮南子云 戲 大旗也

② 漢王之國한왕지국

신주 항우가 봉지封地한 파巴와 촉蜀과 한중漢中 땅으로 갔다는 말이다.

③ 項王使卒三萬人從항왕사졸삼만인종

신주 홍문지연鴻門之宴 당시 항우의 군사는 40만이었고 패공의 군사는 10만이었다. 항우가 서초패왕으로 군림하면서 패군의 군사들을 자기의 군대에 속하게 했다가 패공이 파巴와 촉蜀과 한중漢中 땅으로 가면서 3만의 군사를 돌려받은 것이다.

④ 杜두

정의 위소는 "두杜는 지금의 능읍陵邑이다."라고 했다. 《괄지지》에는 "두릉杜陵 옛 성은 옹주雍州 만년현萬年縣 동남쪽 15리에 있다. 한漢나라 두릉현杜陵縣은 선제宣帝의 능읍陵邑(왕릉이 있는 읍)인데, 북쪽 선제릉의 거리는 5리이다." 《묘기廟記》에는 "옛 두백국杜伯國이다."라고 했다.
【正義】 韋昭云 杜 今陵邑 括地志云 杜陵故城在雍州萬年縣東南十五里 漢杜陵縣 宣帝陵邑也 北去宣帝陵五里 廟記云 故杜伯國

신주 두릉杜陵은 지금의 서안시西安市 삼조촌三兆村 남쪽에 위치하고 있었다.

⑤ 蝕역(식)

집해　이기李奇는 "력蝕은 '력力'으로 발음하는데 두남杜南에 있다."고 했다. 여순은 "력蝕은 한중漢中으로 들어가는 길의 천곡川谷 이름이다."라고 했다.

【集解】 李奇曰 蝕音力 在杜南 如淳曰 蝕 入漢中道川谷名

색은　이기李奇는 '력力'으로 발음하는데 맹강孟康은 '식食'으로 발음했다. 왕소王昭가 상고해보니 《설문說文》에는 '소鎔'로 되어 있는데 그릇 이름이라고 했다. 땅의 형태가 그릇과 비슷해서 그렇게 이름지었다. 발음은 '력力'이다.

【索隱】 李奇音力 孟康音食 王劭按 說文作鎔 器名也 地形似器 故名之 音力也

⑥ 棧道잔도

색은　〈계가系家〉를 상고해보니 이것은 장량張良의 계책을 사용한 것이다. 잔도棧道는 각도閣道이다. 발음은 '산[士諫反]'이다. 포개包愷는 발음을 '산[士版反]'이라고 했다. 최호崔浩는 "험절險絕한 곳의 산이나 바위의 곁을 파서 널판지版로 다리를 만드는 것이 각閣이다."고 했다.

【索隱】 按系家 是用張良計也 棧道 閣道也 音士諫反 包愷音士版反 崔浩云 險絕之處 傍鑿山巖 而施版梁爲閣

신주　잔도棧道란 절벽이나 절벽과 절벽 사이에 나무 등으로 만든 길을 뜻한다.

⑦ 示項羽無東意시항우무동의

신주 항우項羽(서초패왕)가 한왕漢王(유방)에게 척박한 파巴와 촉蜀과 한중漢中 땅을 봉지로 준 것은 한왕의 세력을 약화시키고, 서초西楚로 부터 멀리 보내서 후환後患을 예방한 것이다. 패공은 항우에게 순응하는 모습을 보여줘야 했다. '동의東意'란 한중漢中의 땅에서 서초西楚를 비롯한 동쪽에 위치한 땅을 차지하겠다는 생각을 말한다.

⑧ 士卒皆歌思東歸사졸개가사동귀

신주 위의 문장에 '초나라와 다른 제후들 중 사모해서 따르는 자가 수만 명이나 되었다'는 문장과 대비가 된다. 이는 곧 원거리를 이동하면서 그 고통 때문에 이탈을 했고, 고생을 감내하고 온 병사들도 가난 때문에 또 고통에 시달려야 하는 상황이었음을 짐작하게 한다.

한신韓信이① 한왕漢王을 설득하며 말했다.

"항우가 여러 장수들 중 유공자들을 왕으로 삼으면서 왕만 혼자 남정南鄭에 거주하게 한 것은 좌천입니다.② 군대의 군관이나 사졸들은 모두 산동山東의 사람들입니다. 낮과 밤으로 발돋움하면서 돌아가기를 바라는데③ 그들의 예봉銳鋒를 이용할 수 있다면 큰 공을 세울 수 있습니다. 천하가 안정되어서 사람들이 모두 스스로 편안하게 여기게 되면 다시 사용할 수는 없을 것입니다. 동쪽으로 향하는 계책을 결단해서 천하의 권세를 다투는 것만 같지 못할 것입니다."

韓信①說漢王曰 項羽王諸將之有功者 而王獨居南鄭 是遷也② 軍吏士卒皆山東之人也 日夜跂而望歸③ 及其鋒而用之 可以有大功 天下已定 人皆自寧 不可復用 不如決策東鄉 爭權天下

① 韓信한신

집해 서광은 "한왕 신韓王信이지 회음후淮陰侯 한신이 아니다."라고 했다.

【集解】 徐廣曰 韓王信 非淮陰侯信也

신주 한왕신韓王信(?~서기전 196년)은 희성姬姓으로 한씨韓氏이며 한韓나라의 종실이다. 회음후 한신과 구별하기 위해서 한왕 신이라고 부른다. 유방에 의해 한왕韓王에 봉해졌는데 흉노와 손잡고 한漢나라를 공격하다가 피살되었다.

회음후 한신韓信(서기전 226년~서기전 196년)은 한초삼걸漢初三傑(한신, 장량, 소하)의 한 명으로 불렸던 명장이다. 제왕齊王과 초왕楚王을 거쳐 회음후에 봉해졌으나 모반의 혐의를 받고 장안 장락궁에 유폐되었다가 사형 당했다.

② 遷也천야

집해 위소는 "죄가 있어서 옮김을 당하는 것과 같다."고 했다.
【集解】 韋昭曰 若有罪見遷徙

③ 跂而望歸기이망귀

정의 跂는 발음이 '가[丘賜反]'다.《설문》에는 "기跂는 발돋움하는 것이다."라고 했다. 사마표는 "기跂는 바라는 것이다."라고 했다.
【正義】 跂音丘賜反 說文云 跂 舉踵也 司馬彪云 跂 望也

신주 발돋움하면서 돌아가기를 바란다는 뜻이다.

항우는 함곡관을 나가 사람을 시켜 의제에게 천도하도록 하면서,
"옛날의 제왕의 영토는 사방 1,000리인데 반드시 강의 상류에^①
살았습니다."라고 말했다. 그리고 사신을 시켜 의제義帝를 장사
長沙의 침현郴縣으로 옮기게 하고 의제에게 떠나기를 재촉했다.
여러 신하들이 점점 의제를 배신하자 항우는 몰래 형산왕衡山王
과 임강왕臨江王에게 습격하게 해서 의제를 강남江南에서 죽였
다.^②

項羽出關 使人徙義帝 曰 古之帝者地方千里 必居上游^① 乃使使徙
義帝長沙郴縣 趣義帝行 羣臣稍倍叛之 乃陰令衡山王 臨江王擊之
殺義帝江南^②

① 上游상유

정의 '류流'로 발음한다.
【正義】 音流

② 殺義帝江南살의제강남

신주 의제를 시해한 것은 항우가 공오共敖와 오예吳芮에게 시켜서
한 일이다. 〈경포열전黥布列傳〉에 그 기록이 있다.

항우는 전영田榮에게[1] 원한이 있어서 제나라의 장수 전도田都를 세워 제왕齊王으로 삼았다. 전영이 화가 나서 스스로 제왕에 올라 전도를 죽이고 초나라를 배반했다.[2] 또 팽월에게 장군의 인수를 주어 양梁 땅에서 배반하게 했다. 초나라는 소공각蕭公角을 시켜 팽월을 공격하게 했지만 팽월이 그들을 크게 쳐부수었다. 진여陳餘는 항우가 자신을 왕으로 삼지 않은 것을 원망해서 하열夏說에게 전영을 설득하게 해서[3] 장이를 공격하는 군사를 요청했다. 제나라에서 진여에게 군사를 주어 상산왕常山王 장이張耳를 공격해 쳐부수자 장이는 한나라로 도망쳐 돌아갔다. 진여가 조왕 헐을 대代 땅에서 맞이해 다시 조왕으로 세웠다. 조왕이 이로 인해 진여를 대왕代王으로 세웠다. 이에 항우가 크게 화가 나서 북쪽으로 제나라를 공격했다.

項羽怨田榮[1] 立齊將田都爲齊王 田榮怒 因自立爲齊王 殺田都而反楚[2] 予彭越將軍印 令反梁地 楚令蕭公角擊彭越 彭越大破之 陳餘怨項羽之弗王己也 令夏說說[3]田榮 請兵擊張耳 齊予陳餘兵 擊破常山王張耳 張耳亡歸漢 迎趙王歇於代 復立爲趙王 趙王因立陳餘爲代王 項羽大怒 北擊齊

① 田榮전영

신주   전영(?~서기전 205년)은 진말 제나라 적현狄縣(지금의 산동성 고청

현 동남쪽)사람이다. 제나라의 왕족이며 당시 6국 군웅 중의 한 명으로
제왕齊王 전광의 아버지이자 전담의 동생이다.

② 因自立爲齊王殺田都而反楚 인자립위제왕살전도이반초

신주　항우의 제후연합군이 진나라를 멸망시키고 서초패왕이 되어
공적이 있는 제후들에게 봉국封國을 내렸는데, 전영은 이를 돕지 않아
봉지를 받지 못했다. 또 전도田都가 제나라 왕이 되고, 전안田安이 제북
왕이 되자 이에 불만을 품은 전영은 초나라를 배반하고 같은 불만을
품은 진여陳餘와 손잡고 전불田市과 전안을 죽이고 제나라 왕이 되었
다. 이에 서기전 206년 항우가 제나라를 공격하자 평원平原으로 도피
했고 결국 평원 사람들에 의해 피살되었는데, 재위 8개월 만이었다.

③ 令夏說說 령하열세

정의　앞의 '설說'은 '열悅'로 발음하고 뒤는 '세稅'로 발음한다.
【正義】 上音悅 下音稅

8월, 한왕이 한신의 계책을 사용해 고도故道를^① 따라 관중으로 돌아와 옹왕 장함을 습격했다. 장함이 한나라 군대를 진창陳倉에서^② 맞아 공격했지만 옹왕의 군사들이 패해서 달아나다가 호치好畤에서^③ 멈추어 싸웠으나 또 다시 패배하고 폐구廢丘로^④ 달아났다. 한왕이 드디어 옹 땅을 평정했다. 동쪽으로 함양에 이르러 군사들을 이끌고 옹왕을 폐구에서 포위했으며 여러 장수들을 보내 농서隴西와 북지北地와 상군上郡을^⑤ 공략해 평정하게 했다.

八月 漢王用韓信之計 從故道^①還 襲雍王章邯 邯迎擊漢陳倉^② 雍兵敗 還走 止戰好畤^③ 又復敗 走廢丘^④ 漢王逐定雍地 東至咸陽 引兵圍雍王廢丘 而遣諸將略定隴西 北地 上郡^⑤

① 故道고도

집해 〈지리지〉에 "무도武都에 고도현故道縣이 있다."고 했다.
【集解】 地理志武都有故道縣

② 陳倉진창

정의 지금 기주岐州의 현縣이다.
【正義】 今岐州縣也

③ 好時호치

  집해 맹강은 "치時는 '지止'로 발음하는데 신령이 있는 곳이다. 현縣 이름으로서 우부풍右扶風에 속해 있다."라고 했다.
【集解】 孟康曰 時音止 神靈之所在也 縣名 屬右扶風

④ 廢丘폐구

  색은 순열苟悅의《한기漢記》를 상고해보니 번쾌를 시켜서 포위하게 한 곳이다.
【索隱】 按苟悅漢紀 令樊噲圍之

⑤ 隴西北地上郡농서북지상군

  신주 농서隴西는 전국시대戰國時代 진소양왕秦昭襄王 28년(서기전 279 년) 설치하였다. 농산隴山의 서쪽에 위치하여 농서라고 했다. 그 성터는 지금의 감숙성 임조臨洮에 있다. 북지北地는 전국시대 진秦나라에서 설 치했다. 지금의 감숙성 서봉시西峰市 동쪽에 위치하고 있었다. 상군上郡 은 전국시대 위문후魏文侯가 설치했다. 지금의 섬서성 유림시榆林市 동 남쪽에 위치하고 있었다.

또 장군 설구薛歐와[1] 왕흡王吸을[2] 시켜서 무관武關을 나가서 왕
릉王陵의 군사를 따라 남양南陽으로 가서[3] 태공太公과[4] 여후呂
后를 패 땅에서 모셔오도록 명했다. 초나라에서 이 소식을 듣고
군사를 일으켜 양하陽夏에서[5] 막아 앞으로 나가지 못하게 했다.
또 지난날 오吳의 현령인 정창鄭昌을[6] 한왕韓王으로 삼아 한나
라의 군사를 막도록 했다.

令將軍薛歐[1] 王吸[2]出武關 因王陵兵南陽[3] 以迎太公[4] 呂後於沛 楚
聞之 發兵距之陽夏[5] 不得前 令故吳令鄭昌[6]爲韓王 距漢兵

① 薛歐설구

집해 　歐는 발음이 '우[惡后反]'다.
【集解】 音惡后反

색은 　〈표表〉를 상고해보니 구歐는 사인으로 종군해서 장군이 되고
광평후에 봉해졌다.
【索隱】 按表 歐以舍人從 爲將軍 封廣平侯也

② 王吸왕흡

색은 　〈표表〉를 상고해보니 왕흡은 중연中涓을 따라서 장군이 되었

고 청양후淸陽侯에 봉해졌다.

【索隱】 按表 吸以中涓從 爲將軍 封淸陽侯

③ 王陵兵南陽왕릉병남양

集解 여순은 "왕릉王陵 또한 무리 수천 명을 모아서 남양에 거주했다."고 했다.

【集解】 如淳曰 王陵亦聚黨數千人 居南陽

정의 《괄지지》에는 "왕릉 고성은 상주商州 상락양上洛陽 남쪽 31리에 있다."고 했다.《형주기荊州記》에는 "옛날 한고조가 진秦나라에 들어가자 왕릉王陵이 단수丹水에서 군사를 일으켜 응했다. 이 성은 왕릉이 쌓은 것이므로 이로써 이름을 삼았다."라고 했다.

【正義】 括地志云 王陵故城在商州上洛縣南三十一里 荊州記云 昔漢高祖 入秦 王陵起兵丹水以應之 此城王陵所築 因名

④ 太公태공

신주 고조의 아버지이다. 고조가 서기전 205년 팽성彭城 싸움에서 항우에게 패했는데, 이때 심이기가 태공과 여후(고조의 아내)를 호송하다가 초나라에 인질로 잡혔다.

⑤ 陽夏양하

위소는 "현 이름이고 회양淮陽에 속해 있다가 뒤에는 진陳에 속했다. 夏는 발음이 '가[更雅反]'다."라고 했다.

【索隱】 韋昭云 縣名 屬淮陽 後屬陳 夏音更雅反

⑥ 鄭昌정창

신주 정창(?~?)은 진말秦末, 오현吳縣 현령으로 있을 때 진승·오광의 변란 후 항량과 항우가 회계태수 은통殷通을 죽이고 군사를 일으켜 진나라에 대항했는데, 항우를 도와 대부에 봉해졌다. 항우는 서기전 206년 한왕韓王 성成이 죽자 그를 한왕으로 세워 한왕 유방에 맞섰다. 유방이 한韓나라 종실 기슬幾瑟의 아들 신을 한나라의 태위삼아 공격해서 한韓을 빼앗자 정창은 유방에게 투항했다.

항우가 의제를 살해하다

2년(기원전 205년), 한왕漢王이 동쪽 공략에 나서자[1] 새왕塞王 사마흔司馬欣과 적왕翟王 동예董翳와 하남왕河南王 신양申陽이 모두 항복했다. 한왕韓王 정창鄭昌이 항복하지 않자 한신韓信을 시켜 쳐부쉈다. 이에 농서隴西·북지北地·상군上郡·위남渭南[2]·하상河上과[3] 중지군中地郡을[4] 설치했다. 함곡관 밖에는 하남군을[5] 설치했다. 한나라의 태위太尉 한신韓信을 다시 한왕韓王으로 삼았다. 여러 장수들 중에서 1만 명의 병사나 군 하나를 가지고 항복하는 자들은 만호萬戶의 후작에 봉했다.[6] 하상河上의 요새를 수축하고[7] 옛날 진秦나라의 공원이나[8] 연못 등은 모두 백성에게 주어 농사를 짓게 했다. 정월, 옹왕雍王의 아우 장평章平을 사로잡았다. 죄수들을 크게 사면했다.

二年 漢王東略地[1] 塞王欣 翟王翳 河南王申陽皆降 韓王昌不聽 使韓信擊破之 於是置隴西 北地 上郡 渭南[2] 河上[3] 中地郡[4] 關外置河南郡[5] 更立韓太尉信爲韓王 諸將以萬人若以一郡降者 封萬戶[6] 繕治河上塞[7] 諸故秦苑囿園池[8] 皆令人得田之 正月 虜雍王弟章平 大赦罪人

① 동략지東略地

신주　서초패왕 항우가 한왕漢王 유방에게 봉한 땅이 파巴와 촉蜀과 한중의 땅이다. 관중關中의 서쪽에 있어 한왕 유방이 이때 동략東略한 곳은 관중을 포함한 하남 지방이다. 그래서 새왕·적왕·하남왕이 항복한 것이다.

② 渭南위남

집해　서광은 "뒤에는 경조라고 했다."라고 했다.
【集解】　徐廣曰 後曰京兆

③ 河上하상

집해　서광은 "풍익이다."라고 했다.
【集解】　徐廣曰 馮翊

④ 中地郡중지군

집해　서광은 "부풍이다."라고 했다.
【集解】　徐廣曰 扶風

⑤ 河南郡하남군

서광은 "10월에 한왕漢王이 섬陝에 이르렀다."라고 했다.

【集解】 徐廣曰 十月 漢王至陝

⑥ 諸將以萬人若以一郡降者封萬戶제장이만인약이일군강자봉만호

신주 한초 당시 유방은 공이 있는 신하들에게 땅을 봉했는데, 공적이 많은 자에게는 만호, 적은 자에게도 500~600호에 해당하는 땅을 봉했다. 투항한 자에게도 마찬가지였다. 한대漢代 만호후萬戶侯의 후작은 봉건적 사회의 특수한 최고의 계층으로 매우 높은 사회적 지위를 가지고 있었다.

⑦ 繕治河上塞선치하상새

집해 진작은 "〈조착전晁錯傳〉에 진秦나라 때 북쪽으로 호를 공격하면서 하상새를 쌓았다."라고 했다.

【集解】 晉灼曰 晁錯傳秦時北攻胡 築河上塞

신주 하상은 지금의 내몽골 하투河套 일대로 비정하는데 하상군의 북쪽과 이민족이 경계한 곳이다. 하상의 요새는 북쪽 이민족을 방어하기 위한 목적으로 구축한 것이다.

⑧ 苑囿園池원유원지

진나라 때 진시황제秦始皇帝의 사냥터이다.

한왕이 관중에서 나가 섬陝^① 땅에 이르러 관중 밖의 부로父老들을 위무하고 돌아왔다. 장이張耳가 배알하러 오자 한왕이 후하게 대우했다.

2월, 진秦나라의 사직社稷을^② 없애고 다시 한漢나라의 사직을 세웠다.

漢王之出關至陝^① 撫關外父老 還 張耳來見 漢王厚遇之

二月 令除秦社稷^② 更立漢社稷

---

① 陝섬

진나라 때 현의 이름으로 지금의 하남성河南省 삼문협三門峽의 서쪽으로 비정한다.

② 社稷사직

사社는 토지 신神, 직稷은 곡식 신神을 뜻한다. 사직은 국가와 같은 의미로 사용된다. 주周나라 때 사직단을 세우고 매년 동지冬至와 하지夏至 두 차례 제사를 지냈다. 사직은 왕궁의 서쪽에 설치하고 조묘祖廟(태묘)는 왕궁의 동쪽에 설치하는데, 사직과 조묘는 고대 국가의 두

상징이다.

3월, 한왕이 임진臨晉을 따라 하수를 건넜는데① 위왕 표魏王 豹
가 군사들을 이끌고 따랐다. 하내河內를② 함락시켜 은왕殷王을
포로로 잡고 하내군을 설치했다. 남쪽으로 평음진平陰津을③ 건
너서 낙양雒陽에 이르렀다.
三月 漢王從臨晉渡① 魏王豹將兵從 下河內② 虜殷王 置河內郡 南渡
平陰津③ 至雒陽

① 從臨晉渡종임진도

신주 임진은 지금의 섬서성 서쪽 대려大荔현 동쪽의 임진관臨晉關을
뜻한다. 황하 서안西岸에 있는데 과거부터 여러 나라가 격돌했던 요충지
였다. 포진관蒲津關이라고도 한다.

② 河內郡하내군

신주 한나라 때의 군현이다. 진나라가 이미 설치했었다. 지금의 하남
성 황하 이북과 급현汲縣 서쪽에 위치하고 있었다.

③ 平陰津평음진

신주 하남성 맹진孟津의 동북쪽에 위치하고 있었다.

신성新城에서① 삼로三老의 한 사람인 동공董公이② 길을 가로 막
고 한왕에게 의제義帝가 죽은 연유를 설명했다.③ 한왕이 이를
듣고 웃옷의 왼쪽 소매를 벗어 예를 표하고④ 대성통곡을 했다.
그리고 의제를 위해 발상發喪을 하고 3일 동안 임곡臨哭했다.⑤

新城①三老董公②遮說漢王以義帝死故③ 漢王聞之 袒④而大哭 逐爲
義帝發喪 臨⑤三日

---

① 新城신성

정의 《괄지지》에는 "낙주 이궐현은 주의 남쪽 70리에 있는데 본래
한漢나라 신성이다. 수 문제가 신성을 고쳐 이궐로 삼았는데 이궐산에
서 취한 이름이다."라고 했다.

【正義】 括地志云 洛州伊闕縣在州南七十里 本漢新城也 隋文帝改新城爲
伊闕 取伊闕山爲名也

② 三老董公삼로동공

정의 〈백관표百官表〉에 "10리十里가 1정一亭인데 정후에는 정장亭長
을 두었다. 10정十亭이 1향一鄕인데 향에는 삼로를 두었다. 삼로는 교화

를 관장했다."고 했다. 모두 진泰나라의 제도였다. 또 악산樂産은 이르기를 "길을 가로질러 스스로 말하는 것을 '차遮'라 한다."고 했다.《초한춘추》에는 "동공은 82세에 비로소 성후로 봉했다."고 했다.

【正義】 百官表云 十里一亭 亭有長 十亭一鄉 鄉有三老 三老掌敎化 皆秦制也 又樂産云 橫道自言曰遮 楚漢春秋云 董公八十二 遂封爲成侯

신주 삼로三老는 진泰나라 때 있던 제도였지만 진나라가 천하를 통일한 후 없어졌다. 이를 한고조漢高祖가 백성 중에 나이가 50이 넘고 덕행이 많은 노인을 선택하여 다시 삼로를 두었다. 향에 한 사람의 삼로를 두고, 향삼로鄉三老 중에서 가려 뽑아 한 사람을 현삼로로 삼고, 현령 승위丞尉와 더불어 정사를 자문하게 했으며, 그 지역 백성들의 교화를 담당했다.

③ 三老董公遮說漢王以義帝死故삼로동공차설한왕이의제사고

신주 서기전 206년 정월, 항우는 초 회왕 웅심을 초나라 천자 (의제)로 높여주었으나 항우에게 실권을 빼앗겨서 이름만 황제였다. 같은 해 2월, 항우는 18국의 제후를 분봉하고 자신이 만든 제후국인 서초西楚의 도읍을 팽성彭城으로 정했다. 이로 인하여 의제는 쫓겨나 도읍 침성郴城으로 가던 중 침강을 건널 때 항우에게 사주를 받은 구강왕九江王 영포英布, 형산왕衡山王 오예吳芮, 임강왕臨江王 공오共敖에게 습격을 받았다. 의제는 스스로 침강에 뛰어들어 자살했다. 이 내용을 한왕에게 설명한 것이다.

④ 衵단

여순은 "단은 또한 예의 단용과 같다."라고 했다.
【集解】 如淳曰 袒亦如禮袒踊

신주 예를 표하는 방식의 하나로 웃옷의 왼쪽 소매를 벗는 것을 뜻한다.

⑤ 臨림

신주 원문은 림臨 한 자 뿐이다. 《자치통감》에는 안사고가 "무리가 곡하는 것을 림臨이라고 한다."라는 주석을 덧붙였다.

또 사신들을 보내 제후들에게 고했다.

"천하에서 함께 의제를 옹립해서 북면하고 섬겼다. 지금 항우가 의제를 강남에서 멋대로 죽였으니 대역무도하다. 과인이 친히 발상을 했으니 제후들은 모두 상복을 입어라. 관내關內의 군사들을 발병하고 삼하三河의[1] 군사들을 수습해 남쪽으로 강수江水(양자강)와 한수漢水로[2] 배를 띄워 내려갈 것이니 제후 왕들은 이를 따라 의제를 살해한 초나라를 토벌할 것을 원하노라."

發使者告諸侯曰 天下共立義帝 北面事之 今項羽放殺義帝於江南 大逆無道 寡人親爲發喪 諸侯皆縞素 悉發關內兵 收三河[1]士 南浮 江漢[2]以下 願從諸侯王擊楚之殺義帝者

① 三河삼하

집해 위소는 "하남, 하동, 하내이다"라고 했다.

【集解】 韋昭曰 河南 河東 河內

② 江漢강한

정의 남쪽으로 삼하의 군사들을 거두고 관내의 군사를 일으켜 옹주雍州에서 자오도子午道를 들러서 한중에 이르면 한수를 따라 내려가다가 이로부터 동쪽으로 가서 서주徐州에 이르러 초나라를 공격하겠다는 것이다.

【正義】 南收三河士 發關內兵 從雍州入子午道 至漢中 歷漢水而下 從是
東行 至徐州 擊楚

이때 항우는 북쪽으로 제나라를 공격해서 전영田榮과 성양城陽
에서 싸웠다. 전영이 패해서 평원平原으로① 달아났는데 평원의
백성이 살해했다. 제나라가 모두 초나라에 항복했다. 초나라에
서 제나라의 성곽들을 불태워버리고 그들의 자녀를 포로로 잡
아 가자 제나라 사람들이 반기를 들었다. 전영田榮의 아우 전횡
田橫이 전영의 아들 전광田廣을 제나라 왕으로 세웠다. 제왕은
성양에서 초나라에 반기를 들었다. 항우는 한나라가 동쪽으로
간다는 소식을 들었지만 이미 제나라의 군사들과 여러 번 싸운
터여서 제나라를 격파하고 나서 한나라를 공격하려 했다.

是時項王北擊齊 田榮與戰城陽 田榮敗 走平原① 平原民殺之 齊皆
降楚 楚因焚燒其城郭 系虜其子女 齊人叛之 田榮弟橫立榮子廣爲
齊王 齊王反楚城陽 項羽雖聞漢東 旣已連齊兵 欲遂破之而擊漢

① 平原평원

정의 덕주 평원현이 이곳이다.

【正義】 德州平原縣是

한왕은 이 때문에 다섯 제후들을① 겁박해서 병사들을 얻어 마침내 팽성으로 들어갔다. 항우가 이 소식을 듣고 군사들을 이끌고 제나라를 떠났다. 항우의 군사들은 노魯현을② 따라 호릉胡陵으로③ 나가 소蕭에④ 이르러서, 한나라와 팽성 영벽靈壁⑤ 동쪽의 수수睢水 위에서 크게 싸워 한나라의 군사들을 크게 무너뜨렸는데, 사졸들이 많이 죽어 시신 때문에 수수睢水가 흐르지 못할 정도였다.⑥

漢王以故得劫五諸侯①兵 遂入彭城 項羽聞之 乃引兵去齊 從魯②出胡陵③ 至蕭④ 與漢大戰彭城靈壁⑤東睢水上 大破漢軍 多殺士卒 睢水爲之不流⑥

① 五諸侯오제후

신주 상산왕 장이·하남왕 신양·한왕 정창·위왕 위표·은왕 사마앙을 뜻한다.

② 魯로

[정의] 연주의 곡부이다.

【正義】 兗州曲阜也

③ 호릉胡陵

정의 〈지리지〉에 "호릉은 산양군에 있다."라고 말했다.

【正義】 地理志云 胡陵在山陽郡

④ 蕭소

정의 서주의 소현이다.

【正義】 徐州蕭縣

⑤ 彭城靈壁팽성영벽

정의 "서주 부이현 서북쪽 90리에 있다."라고 했다.

【正義】 在徐州符離縣西北九十里

⑥ 睢水爲之不流수수위지불류

신주 서기전 204년 한왕은 항우의 군대와 팽성의 싸움에서 크게 패했다. 시체가 쌓여 수수睢水의 물이 흐르지 못할 정도였다는 처절한 싸움이었다.

이에 한왕의 부모와 처자들을 패현에서 잡아서 군진軍陣에 두고
인질로 삼았다.① 이때 제후들은 초나라가 강성해서 한나라가 패
하는 것을 보고 다 돌아서서 한나라를 떠나서 다시 초나라를 위
했다.② 새왕塞王 사마흔도 도망쳐 초나라로 들어갔다.③

乃取漢王父母妻子於沛 置之軍中以爲質① **當是時 諸侯見楚彊漢敗**
還皆去漢復爲楚② **塞王欣亡入楚**③

① 取漢王父母妻子於沛置之軍中以爲質취한왕부모처자어패치지군중이위질

신주 한왕은 팽성의 싸움에서 크게 패한 것만이 아니고 아버지 태
공太公, 한왕의 서모庶母, 부인 여후呂后, 아들 유비劉肥를 초나라의 인
질로 잡혔다. 《한서》에는 "태공과 여후 두 사람 뿐이다."라고 했다.

② 還皆去漢復爲楚환개거한부위초

신주 유방이 항우에게 대패하자 그를 따르던 제후들이 이탈하여 항
우에게 귀의하고 항우가 자신을 봉했던 나라로 돌아갔다는 말이다.

③ 塞王欣亡入楚새왕흔망입초

신주 위의 제후들과는 달리 사마흔의 봉국은 이때 한왕이 점령하고

있었기 때문에 봉국으로 돌아가지 못하고 초나라의 항우에게로 돌아갔음을 말한 것이다.

여후呂后의 오라비 주여후周呂侯는[1] 한나라를 위해서 군사들을 이끌고 하읍下邑에[2] 거처하고 있었다. 한왕도 그를 따라가서 점차 군졸들을 수습해서 탕碭에 주둔했다. 그 후 한왕은 서쪽으로 양梁 땅을 지나서 우虞에[3] 이르렀다.

呂后兄周呂侯[1]爲漢將兵 居下邑[2] 漢王從之 稍收士卒 軍碭 漢王乃西過梁地 至虞[3]

---

① 周呂侯주려후

신주 주여후(?~서기전 198년)는 이름이 택澤으로 여후의 큰오빠이다. 한왕이 거병할 때부터 함께하여 한이 통일하는데 공이 많았다. 이로 인해 주여후에 봉해졌다.

② 下邑하읍

집해 서광은 "양梁에 있다."라고 했다.
【集解】 徐廣曰 在梁

③ 虞우

집해 서광은 "양梁에 있다."고 했다.

【集解】 徐廣曰 在梁

알자謁者 수하隨何를① 구강왕 경포에게 보내며 말했다.

"공公이 경포에게 군사를 일으켜 초나라에 반기를 들게 할 수 있다면 항우는 반드시 머물러 경포를 공격할 것이다. 항우를 수개월만 머무르게 할 수 있다면 나는 반드시 천하를 가질 수 있다."

수하가 가서 구강왕 경포를 설득하자 과연 초나라를 배반했다. 초나라는 용저龍且에게 가서 공격하게 했다.

使謁者隨何①之九江王布所 曰 公能令布舉兵叛楚 項羽必留擊之 得留數月 吾取天下必矣 隨何往說九江王布 布果背楚 楚使龍且往擊之

① 隨何수하

신주 수하(?~?)는 한나라 고조 때의 변사辯士로서 초한이 대립할 때 고조의 알자謁者로 일했다.

한왕이 팽성에서 패해서 서쪽으로 가면서 사람을 보내서 가족들을 찾았으나 가족들 또한 도망쳤기에 서로 만나지 못했다. 패한 후에 효혜孝惠만 얻어서 6월에 태자로 세우고 죄수들에게 대사면을 내렸다. 태자에게 역양櫟陽을 지키게 하고 제후 아들 중에서 관중에 있는 자들은 모두 모아서 역양을 호위하게 했다.

漢王之敗彭城而西 行使人求家室 家室亦亡 不相得 敗後乃獨得孝惠 六月 立爲太子 大赦罪人 令太子守櫟陽 諸侯子在關中者皆集櫟陽爲衛

물을 폐구성으로 끌어들이게 하자 폐구성이 항복하고 장함은 자살했다. 폐구의 이름을 다시 바꾸어 괴리槐里라고 했다. 이에 사관祠官에게 명을 내려 천지天地, 사방, 상제上帝, 산천山川에 제사지내게 했는데, 이후에는 계절마다 제사를 올리게 했다. 관내關內의 군사들을 일으켜 요새를 지키게 했다.[①]

引水灌廢丘 廢丘降 章邯自殺 更名廢丘爲槐里 於是令祠官祀天地四方上帝山川 以時祀之 興關內卒乘[①]塞

① 乘승

이기李奇는 "승乘은 지키다."라고 했다.

【集解】 李奇曰 乘 守也

관중의 장정들을 징집해서 5명을 1조로 들어가게 하여 관중의 사방에 있는 관문을 지키게 했다.

이때 구강왕 경포는 용저와 싸웠으나 이기지 못하자 수하隨何와 함께 샛길로 몰래 한나라로 돌아왔다. 한왕이 점차 사졸들을 수습하고 여러 장수들과 관중에서 군사들도 점차 나타나니 이로써 형양榮陽을 크게 진동시켰고 초나라의 경현京縣과 삭索 사이에서 초나라 군대를 격파했다.[1]

是時九江王布與龍且戰 不勝 與隨何閒行歸漢 漢王稍收士卒 與諸將及關中卒盆出 是以兵大振榮陽 破楚京 索閒[1]

---

① 破楚京索閒파초경삭한

경京은 지금의 하남성河南省 형양현榮陽縣 동남쪽에 위치하고 있었고, 삭索은 지금의 형양현榮陽縣의 성城이다.

제3장

한왕이 다시
승세를 잡다

항우가 곤경에 처하다

3년(서기전 204), 위왕 표魏王豹가 배알해서 부모의 병환을 살피겠다고 하고 돌아갔는데 위나라에 도착하자 곧 하수河水 나루를 끊고 거꾸로 초나라를 위했다. 한왕이 역이기를 보내서 위왕 표를 설득했지만 표가 듣지 않았다. 한왕이 장군 한신을 보내서 크게 쳐부수고 위표를 포로로 잡았다. 이로써 마침내 위魏나라 땅을 평정하고 세 군郡을 설치해서 하동河東,① 태원太原,② 상당上黨③ 군郡이라고 말했다. 한왕은 이에 장이와 한신에게 영을 내려 드디어 동쪽 정형井陘을 함락시키고 조나라를 공격해 진여陳餘와 조왕 헐의 목을 벴다. 그 다음 해에 장이를 조왕趙王으로 세웠다.

三年 魏王豹謁歸視親疾 至卽絕河津 反爲楚 漢王使酈生說豹 豹不聽 漢王遣將軍韓信擊 大破之 虜豹 遂定魏地 置三郡 曰河東① 太原② 上黨③ 漢王乃令張耳與韓信逐東下井陘擊趙 斬陳餘 趙王歇 其明年 立張耳爲趙王

① 河東하동

【정의】 지금의 포주이다.

【正義】 今蒲州也

② 太原태원

【정의】 지금의 병주이다.

【正義】 今并州

③ 上黨상당

【정의】 지금의 노주이다.

【正義】 今潞州

한왕은 형양榮陽 남쪽에 군사를 주둔시키고 용도甬道를① 쌓아
하수河水까지 이어서 오창敖倉의② 곡식을 빼앗았다.

漢王軍榮陽南 筑甬道①屬之河 以取敖倉②

---

① 甬道용도

정의   용甬은 '용勇'으로 발음한다. 위소는 "땅을 일구어서 담을 쌓고 그 가운데 만든 길이다."라고 했다. 응소는 "적군이 군수품을 노략질하는 것을 두려워해서 담장을 쌓아서 가항街巷과 같이 하는 것이다."라고 했다.

【正義】 甬音勇 韋昭云 起土築牆 中閒爲道 應劭云 恐敵抄輜重 故築垣牆 如街巷

② 敖倉오창

정의   맹강은 "오敖는 땅 이름이다. 형양 서북쪽에 있는데 산 위에 하수에 임하는 큰 창고가 있다."라고 했다. 《태강지리지》에는 '진秦나라에서 성고에 오창을 세웠다.'고 했다.

【正義】 孟康云 敖 地名 在滎陽西北 山上臨河有大倉 太康地理志云 秦建 敖倉於成皐

항우와 서로 대치한지 일 년이 넘었다. 항우는 자주 한나라의 용도를 침탈해서 한나라 군사들의 식량을 부족하게 하다가 마침내 한왕을 포위했다. 한왕은 강화를 요청하고 형양 서쪽을 한나라에게 할애하라고 했지만 항왕이 들어주지 않았다. 한왕이 근심해서 진평의 계책을 썼다. 진평에게 황금 4만 근을 주어서 초나라 군주와 신하들을 이간시켜서 멀어지게 했다. 그래서 항우가 아보亞父(범증)를 의심했다. 아보는 이때 항우에게 권해서 드디어 형양을 함락시켰는데 자신을 의심하는 것을 보고 화가 나서 늙었다는 핑계로 사직하고 백성으로 돌아가게 해달라고 청했는데 팽성에 이르지 못하고 죽었다.

與項羽相距歲餘 項羽數侵奪漢甬道 漢軍乏食 遂圍漢王 漢王請和割滎陽以西者爲漢 項王不聽 漢王患之 乃用陳平之計 予陳平金四萬斤 以閒疏楚君臣 於是項羽乃疑亞父 亞父是時勸項羽遂下滎陽及其見疑 乃怒 辭老 願賜骸骨歸卒伍 未至彭城而死

한나라 군사들은 식량이 끊기자 밤에 여자들 2,000여 명을 동쪽 문으로 내보냈는데 갑옷을 입고 있었기 때문에 초나라 군사들이 사방에서 공격했다. 장군 기신紀信은 왕의 어가를 타고 거짓으로 한왕인 것처럼 초나라를 속이자 초나라는 모두 만세를 부르면서 성의 동쪽으로 가서 구경했다. 이로 인해 한왕은 수십여 명의 기병들과 서문으로 나가 도망칠 수 있었다. 한왕은 어사대부 주가周苛와 위표魏豹와 종공樅公에게 명을 내려 형양을 지키게 했다. 여러 장수들과 군졸들 중에서 한왕을 따를 수 없는 자들은 모두 성안에 있었다. 주가와 종공이 서로 일러 말했다.

"나라를 배반한 왕과 함께 성을 지키기는 어렵소."[①]

이를 계기로 위표를 죽였다.[②]

漢軍絕食 乃夜出女子東門二千餘人 被甲 楚因四面擊之 將軍紀信 乃乘王駕 詐爲漢王 誑楚 楚皆呼萬歲 之城東觀 以故漢王得與數十 騎出西門遁 令御史大夫周苛 魏豹 樅公守滎陽 諸將卒不能從者 盡 在城中 周苛 樅公相謂曰 反國之王 難與守城[①] 因殺魏豹[②]

① 反國之王難與守城반국지왕난여수성

신주 위표魏豹(?~서기전 204년)는 위魏나라 왕족으로 장함章邯의 공격을 받아 위왕인 형 위구가 죽은 후 초회왕楚懷王의 군사 원조에 힘입어 위魏나라 영토를 회복하고 왕위에 올랐다. 항우가 서위왕西魏王에 봉했으나 유방劉邦에게로 돌아섰다. 서기전 205년 항우와 팽성彭城 대전에서 크게 패했다. 그 후 유방을 배신해서 유방이 사신 역이기酈食其를 보내 설득했으나 받아들이지 않다가 한신韓信이 이끄는 군대에게 패하여 형양榮陽으로 끌려갔다. 그곳에서 유방의 회유로 초楚나라 군대를 방어했는데 한漢나라 장수들이 그를 믿을 수 없다면서 일을 말하는 것이다.

② 因殺魏豹인살위표

[집해] 서광은 "〈월표月表〉를 상고해보니, 3년 7월에 왕이 형양을 나갔고 8월에 위표를 죽였다. 또 4년 3월에 주가가 죽었고 4월에는 위표가 죽었다고 일렀는데 두 가지가 같지 않다. 항우가 기신, 주가, 종공을 죽인 것이 모두 3년 중의 일이다."라고 했다.

【集解】 徐廣曰 案月表 三年七月 王出榮陽 八月 殺魏豹 而又云四年三月 周苛死 四月 魏豹死 二者不同 項羽殺紀信 周苛 樅公 皆是三年中

한왕이 형양에서 탈출해 관중으로 들어가 군사들을 수습하고서 다시 동쪽으로 가려고 하자 원생轅生이 한왕을 설득하면서 말했다.

"한나라가 초나라와 형양에서 서로 대치한 지 여러 해인데 한나라가 항상 곤궁했습니다. 원컨대 군왕께서 무관武關으로 나가시면 항우는 반드시 군사를 이끌고 남쪽으로 달려올 것입니다. 왕께서는 장벽을 높이 쌓아서 형양과 성고의 사이에서 휴식을 취하게 하십시오. 한신 등을 시켜서 하수 북쪽의 조나라 땅을 화목하게 하고 연나라와 제나라를 연결시키신 후 군왕께서 다시 형양으로 나가도 늦지 않을 것입니다. 이렇게 하면 초나라는 갖추어야 할 것이 많아져서 힘이 나누어질 것입니다. 한나라는 휴식을 취하고 있다가 다시 그와 싸운다면 초나라를 반드시 무찌를 수 있을 것입니다."

한왕이 그의 계책을 따라서 완宛과 섭葉[1] 사이에 군사들을 주둔케 하고 경포와 함께 흩어진 군사들을 수습했다.

漢王之出滎陽入關 收兵欲復東 袁生說漢王曰 漢與楚相距滎陽數歲 漢常困 願君王出武關 項羽必引兵南走 王深壁 令滎陽成皐閒且得休 使韓信等輯河北趙地 連燕齊 君王乃復走滎陽 未晚也 如此則楚所備者多力分 漢得休 復與之戰 破楚必矣 漢王從其計 出軍宛葉[1]閒 與黥布行收兵

① 宛葉원섭

宛은 발음이 '원[於元反]'이고, 葉은 발음이 '섭[式涉反]'이다. 원은 등주현이다. 섭은 여주현이다. 《수경주水經注》에는 "본래 초 혜왕이 제양의 아들 겸을 봉해서 호를 섭성이라고 했으니, 곧 자고의 고읍이다."라고 했다.

【正義】 宛 於元反 葉 式涉反 宛 鄧州縣也 葉 汝州縣 水經注云 本楚惠王 封諸梁子兼 號曰葉城 即子高之故邑也

항우는 한왕이 완宛 땅에 있다는 소식을 듣자 과연 군사들을 이끌고 남쪽으로 갔다. 한왕은 견고한 벽을 쌓고 싸우려 하지 않았다. 이때 팽월이 수수를 건너서 항성項聲이 설공薛公과 함께 하비下邳에서 싸워 팽월이 초군을 대파했다. 항우가 이에 군사들을 이끌고 동쪽으로 팽월을 공격했다. 한왕 또한 군사들을 이끌고 북쪽 성고에 주둔했다. 항우가 팽월을 격파하자 팽월은 달아났는데, 한왕이 다시 성고에 주둔했다는 소식을 듣고 이에 다시 군사를 이끌고 서쪽으로 가서 형양을 함락시켜 주가와 종공을 주살하고 한왕韓王 신信을 포로로 잡고 마침내 성고를 포위했다.

項羽聞漢王在宛 果引兵南 漢王堅壁不與戰 是時彭越渡睢水 與項聲 薛公戰下邳 彭越大破楚軍 項羽乃引兵東擊彭越 漢王亦引兵北軍成皐 項羽已破走彭越 聞漢王復軍成皐 乃復引兵西 拔滎陽 誅周苛 樅公 而虜韓王信 遂圍成皐

한왕이 달아나서^① 오직 등공滕公과^② 함께 수레를 타고 성고의 옥문玉門을^③ 나와 북쪽으로 하수를 건너서 수무脩武까지 내달려 머물렀다. 한왕이 자칭 사자使者라면서 새벽에 장이와 한신의 군영에 달려 들어가 군권을 빼앗았다.^④ 그리고 장이를 북쪽으로 보내 조나라 땅의 군사들을 거두게 하고 한신을 동쪽으로 보내 제나라를 공격하게 했다.

漢王跳^① 獨與滕公^②共車出成皋玉門^③ 北渡河 馳宿脩武 自稱使者 晨馳入張耳 韓信壁 而奪之軍^④ 乃使張耳北益收兵趙地 使韓信東擊齊

① 跳도

집해 │ 서광은 "도逃로 발음한다."라고 했다.

【集解】 徐廣曰 音逃

색은 │ 여순은 "도跳는 달리다[走]의 뜻이다."라고 했다. 진작晉灼이 상고해보니 《유택전劉澤傳》에는 "급히 말을 몰아서 장안에 이르렀다."라고 했다. 《설문說文》에는 "음이 '도[徒調反]'이다."라고 했다. 《풍속문風俗文》에는 "뛰어 넘어서 통하는 것을 도라고 한다."고 했다.

【索隱】 如淳曰 跳 走也 晉灼按 劉澤傳 跳驅至長安 說文音徒調反 通俗文云 超通爲跳

② 滕公등공

[색은] 하후영夏侯嬰이 등의 현령이 되었다. 그래서 등공이라고 했다.
【索隱】 夏侯嬰爲滕令 故曰滕公也

③ 玉門옥문

[집해] 서광은 "〈항우기項羽記〉에 북문의 이름을 옥문이라 했다."라고
했다.
【集解】 徐廣曰 項羽紀云 北門名玉門

④ 自稱使者晨馳入張耳韓信壁而奪之軍자칭사자신치입장이한신벽이탈지군

[신주] 〈회음후열전〉에 한왕이 사자를 가장해서 새벽에 한신 등의
군영을 습격해서 그들의 군권을 빼앗았다는 기록이 보이는데, 이를 뜻
한다.

한왕이 한신의 군대를 얻으니 곧 다시 위세를 떨쳤다. 이에 군사들을 인솔하고 하수에 다다라 남쪽에 군사들과 제사를 지내고 소수무小脩武^① 남쪽에서 다시 싸우고자 했다. 그러나 낭중郎中 정충鄭忠이 한왕을 설득해서 중지시키고 높은 성루와 깊은 참호를 만들고 싸우지 못하게 했다.

漢王得韓信軍 則復振 引兵臨河 南饗軍小脩武^①南 欲復戰 郎中鄭忠乃說止漢王 使高壘深塹 勿與戰

① 小脩武소수무

집해 진작은 "대수무大脩武 성 동쪽에 있다."라고 했다.

【集解】 晉灼曰 在大脩武城東

또한 한왕이 그의 계책을 듣고서 노관盧綰과[1] 유가劉賈에게 군사 2만 명과 수백 기병을 주고 백마진白馬津을[2] 건너서 초나라 땅으로 쳐들어가 팽월과 함께 다시 초나라 군사를 연현燕縣[3] 성곽 서쪽에서 쳐부수니 마침내 다시 양나라 땅 10여 개 성을 함락시켰다.

漢王聽其計 使盧綰[1] 劉賈將卒二萬人 騎數百 渡白馬津[2] 入楚地 與彭越復擊破楚軍燕[3]郭西 遂復下梁地十餘城

① 盧綰노관

집해 소림은 "綰의 발음은 승관결물繩綰結物한다고 할 때의 '관'이다."라고 했다.
【集解】 蘇林曰 綰音以繩綰結物之綰

② 白馬津백마진

색은 곧 여양진이다. 남쪽 경계가 동군 백마현이다.
【索隱】 即黎陽津也 南界東郡白馬縣

③ 燕연

옛 남연국이다. 동군에 있는데 진秦나라 때 현이 되었다.

【索隱】 故南燕國也 在東郡 秦以爲縣

회음후 한신은 이미 명을 받고 동쪽으로 갔는데 아직 평원平原을 건너지 못했다. 한왕이 역이기에게 가서 제왕齊王 전광田廣을 설득하게 했다. 이에 전광이 초나라를 배신하고 한나라와 강화하고 함께 항우를 공격했다. 그러나 한신韓信이 괴통蒯通의 계책을 써서 마침내 제나라를 습격해 격파했다. 제왕齊王이 역이기를 삶아 죽이고 동쪽의 고밀高密로 달아났다.

淮陰已受命東 未渡平原 漢王使酈生往說齊王田廣 廣叛楚 與漢和
共擊項羽 韓信用蒯通計 遂襲破齊 齊王烹酈生 東走高密

항우는 한신이 이미 하수 북쪽에서 제나라와 조나라를 격파했
으며, 또 초나라를 공격하려 한다는 소식을 듣고 용저龍且와 주
란周蘭을① 보내서 공격하게 했다. 한신이 맞아서 싸웠는데, 기장
騎將 관영灌嬰이 습격해서 초나라의 군대를 대파하고 용저를 죽
였다. 제왕 전광은 팽월에게 달아났다. 이때 팽월은 군사를 거느
리고 양梁 땅에 있었는데, 왔다갔다하면서 초나라 군사들을 괴
롭히고 그들의 군량미를 차단했다.

項羽聞韓信已舉河北兵破齊 趙 且欲擊楚 則使龍且 周蘭①往擊之
韓信與戰 騎將灌嬰擊 大破楚軍 殺龍且 齊王廣奔彭越 當此時 彭越
將兵居梁地 往來苦楚兵 絶其糧食

① 周蘭주란

집해　서광은 “다른 판본에는 ‘간’으로 되어 있다.”고 했다.

【集解】　徐廣曰 一作簡

한신을 회유하려 하다

4년(서기전 203), 항우는 해춘후海春侯 대사마 조구曹咎에게 말했다.

"신중하게 성고成皋를 지키라. 만약 한나라 군사들이 도전하더라도① 삼가면서 싸우지 말고 그들이 동쪽에 이르지 못하게 하라. 나는 15일이면 반드시 양梁 땅을 평정하고 다시 장군과 함께 할 것이다."

항우는 군사를 이끌고 진류陳留와 외황外黃과 수양睢陽을 공격해 함락시켰다.

四年 項羽乃謂海春侯大司馬曹咎曰 謹守成皋 若漢挑①戰 愼勿與戰 無令得東而已 我十五日必定梁地 復從將軍 乃行擊陳留 外黃 睢陽 下之

① 挑도

정의 挑는 '조[田弔反]'로 발음한다. 아래도 동일하다.

【正義】 挑 田弔反 下同

한나라는 과연 여러 차례 초나라 군사들에게 도전했지만 초나라 군사들은 나오지 않았다. 이에 사람을 보내서 5~6일간 초나라 군사들에게 욕을 해대자 대사마 조구는 화가 나서 군사를 거느리고 사수汜水를① 건넜다. 사졸들이 절반쯤 건넜을 때 한나라가 공격해 초나라의 군사들을 크게 쳐부수고 초나라의 금과 옥과 재물들을 다 갖게 되었다. 대사마 조구와 장사長史 사마흔은 모두 사수 위에서 자결했다. 항우는 수양에 이르러 해춘후 조구가 패했다는 소식을 듣자 군사들을 이끌고 돌아갔다. 한나라 군사들은 마침 종리매鍾離眛를 형양 동쪽에서 포위했는데 항우가 도착하자 모두 요새로 달아났다.

漢果數挑楚軍 楚軍不出 使人辱之五六日 大司馬怒 度兵汜水① 士卒半渡 漢擊之 大破楚軍 盡得楚國金玉貨賂 大司馬咎 長史欣皆自剄汜水上 項羽至睢陽 聞海春侯破 乃引兵還 漢軍方圍鍾離眛於滎陽東 項羽至 盡走險阻

① 汜水사수

氾의 발음은 '사祀'다. 성고 옛 성 동쪽에 있다.

【正義】 氾音祀 在成皋故城東

한신이 이미 제나라를 격파하고 사람을 보내서 말했다.

"제齊나라의 변방이[1] 초나라인데 저의 권력이 경미해서 가왕假王이라도 되지 못하면 제나라를 안정시키지 못할까 두렵습니다."

한왕이 한신을 공격하려고 하자 유후留侯(장량)가 말했다. "이로써 그를 세워서 스스로 지키게 하는 것만 같지 못할 것입니다."

이에 장량에게 인수를 가지고 가서 한신을 세워 제왕齊王으로 삼았다.[2]

韓信已破齊 使人言曰 齊邊[1]楚 權輕 不爲假王 恐不能安齊 漢王欲攻之 留侯曰 不如因而立之 使自爲守 乃遣張良操印綬立韓信爲齊王[2]

---

① 邊변

문영은 "변邊은 가까운 것[近]이다."라고 했다.

【集解】 文穎曰 邊 近也

② 韓信爲齊王한신위제왕

집해 서광은 "3월이다."라고 했다.

【集解】 徐廣曰 三月

항우는 용저의 군사가 무너졌다는 소식을 듣고 두려워서 우이盱台 사람 무섭武涉을 한신에게 보내 설득하게 했다. 한신이 듣지 않았다.

項羽聞龍且軍破 則恐 使盱台人武涉往說韓信 韓信不聽

초나라와 한나라가 서로 오래 대치했지만 결판이 나지 않자 장정들은 군 생활이 괴로웠고 노약자들은 군량 수송에 지쳐 있었다. 한왕과 항우가 서로 광무廣武① 사이에 임해서 말했다. 항우가 한왕에게 홀몸으로 싸우자고 했다.

楚漢久相持未決 丁壯苦軍旅 老弱罷轉饟 漢王項羽相與臨廣武①之間而語 項羽欲與漢王獨身挑戰

① 廣武광무

신주 지금의 하남성河南省 형양滎陽현에 있는 광무진廣武鎭이다.

한왕이 항우를 꾸짖어서 말했다.

"처음에 나와 그대 항우는 함께 회왕에게 명을 받았으니, '먼저 관중으로 들어간 자가 왕이 된다'는 것이었다. 항우는 약속을 어기고[①] 나를 촉한蜀漢의 왕으로 삼았으니 이것이 첫 번째 죄이다. 항우는 왕명을 칭탁해서 경자관군卿子冠軍을[②] 죽이고 스스로 높였으니 이것이 두 번째 죄이다.

漢王數項羽曰 始與項羽俱受命懷王 曰先入定關中者王之 項羽負約[①] 王我於蜀漢 罪一 秦項羽矯殺卿子冠軍[②]而自尊 罪二

① 負約부약

색은 부負는 '패'의 발음이라고 했다.

【索隱】 負音佩也

신주 약속을 저버리다는 뜻이다.

② 卿子冠軍경자관군

집해 서광은 "경卿은 다른 본에는 '경慶'으로 되어 있다."라고 했다.

【集解】 徐廣曰 卿 一作慶

위소는 "송의의 호이다."라고 했다. 여순은 "경卿은 대부 중에서 존귀한 자이다. 자子라는 것은 자남子南의 작위이다. 관군冠軍은 사람의 우두머리이다. 송의를 높여서 이 호칭을 덧붙인 것이다."라고 했다.

【索隱】 韋昭云 宋義之號 如淳曰 卿者 大夫之尊 子者 子男之爵 冠軍 人之首也 尊宋義 故加此號

항우는 이미 조나라를 구원하고 마땅히 돌아가 회왕에게 보고해야 하는데 제멋대로 제후들의 군사를 겁박해서 관중으로 들어오게 했으니 이것이 세 번째 죄이다. 회왕에게 약속하기를 진나라에 들어가면 폭행과 노략질을 하지 않겠다고 하고는 항우는 진나라 궁실을 불사르고 시황제의 묘를 파서 그 재물을 사사로이 거두었으니 이것이 네 번째 죄이다. 또 진 나라의 항복한 왕 자영子嬰을 억지로 죽였으니 이것이 다섯 번째 죄이다.

項羽已救趙 當還報 而擅劫諸侯兵入關 罪三 懷王約入秦無暴掠 項羽燒秦宮室 掘始皇帝冢 私收其財物 罪四 又彊殺秦降王子嬰 罪五

속임수를 써서 진秦나라의 자제 20만 명을 신안新安에 생매장하고 그 장수를 왕으로 삼았으니 이것이 여섯 번째 죄이다. 항우는 여러 제후의 장수들은 좋은 땅의 왕으로 삼고[1] 옛 제후왕들은 다른 곳으로 내쫓고[2] 신하들에게 다투어 반역하게 했으니 이것이 일곱 번째 죄이다.

詐阬秦子弟新安二十萬 王其將 罪六 項羽皆王諸將善地[1] 而徙逐故主[2] 令臣下爭叛逆 罪七

[1] 諸將善地제장선지

색은 장함 등을 이른다.

【索隱】 謂章邯等

[2] 徙逐故主사축고주

색은 전시·조헐·한광 등을 이른다.

【索隱】 謂田市 趙歇 韓廣之屬

항우는 의제를 팽성에서 내쫓고 스스로 그곳에 도읍했으며, 한
왕韓王의 땅을 빼앗고 양나라, 초나라의 땅을 겸병해서 스스로
많이 차지했으니 이것이 여덟 번째 죄이다. 항우는 사람을 시켜
의제를 강남에서 몰래 시해했으니 이것이 아홉 번째 죄이다.

項羽出逐義帝彭城 自都之 奪韓王地 幷王梁楚 多自予 罪八 項羽使
人陰弑義帝江南 罪九

무릇 사람의 신하가 되어 그 군주를 시해하고 항복한 사람을 죽
였으며, 정사에 공평하지 못하고, 군주와의 약속을 지키지 않은
것은 천하에서 용납할 수 없는 대역무도이니 이것이 열 번째 죄
이다. 나는 의병義兵으로써 제후들을 따라서 잔악한 도적들을
주살하거나 형기가 남은 죄인들에게 항우를 격살하게 하면 되
는데 왜 수고스럽게 공公과 싸우겠는가?"

夫爲人臣而弑其主 殺已降 爲政不平 主約不信 天下所不容 大逆無
道 罪十也 吾以義兵從諸侯誅殘賊 使刑餘罪人擊殺項羽 何苦乃與
公挑戰

항우는 크게 화가 나서 숨겨 놓았던 쇠뇌를 쏴서 한왕을 맞췄다. 한왕이 가슴에 상처를 입고 발을 어루만지면서① 말했다.

"저 오랑캐가 나의 발가락을 맞혔구나!"

한왕이 상처 때문에 병이 들어 비로소 눕자 장량이 억지로 청해서 한왕이 일어나 군중을 순회하면서 위로해 사졸들을 안심시켰는데, 초나라로 하여금 한나라에 승세를 타지 못하게 한 것이다. 한왕이 나가서 군대를 순회했는데② 병세가 심해져③ 말을 달려 성고成皋로 들어갔다.

項羽大怒 伏弩射中漢王 漢王傷匈 乃捫足①曰 虜中吾指 漢王病創臥 張良彊請漢王起行勞軍 以安士卒 毋令楚乘勝於漢 漢王出行②軍病甚③ 因馳入成皋

① 捫足문족

색은   문捫은 더듬는다[摸]는 뜻이다. 가슴에 맞았는데 발을 더듬은 것은 대개 화살에 처음 맞으면 아프고 답답하지만 어딘지를 알지 못하기 때문이다. 혹자는 가슴에 맞았는데 발을 더듬은 것은 사졸의 마음을 편안하게 하려고 임기응변한 것이라고 했다.

【索隱】 捫 摸也 中匈而捫足者 蓋以矢初中痛悶 不知所在故爾 或者中匈而捫足 權以安士卒之心也

② 行행

정의 行의 발음은 '행[寒孟反]'이다.

【正義】 行 寒孟反

③ 病甚병심

색은 상고해보니 《삼보고사三輔故事》에 "초楚와 한漢이 서로 경삭京索 사이에서 6년 간 맞섰는데 몸에 큰 상처를 입은 곳이 12개 곳이고, 시석矢石이 안을 뚫고 나간 것이 네 번이다."라고 했다. 한왕이 상처로 병든 것을 말한 것이다.

【索隱】 按 三輔故事曰 楚漢相距於京索閒六年 身被大創十二 矢石通中過者有四 言漢王病創也

병이 쾌유되어 서쪽으로 관중에 들어갔다. 역양櫟陽에 이르러 부로父老들을 위문하여 잔치를 베풀고 옛 새왕塞王 사마흔의 머리를 역양의 저자에 매달았다.① 나흘을 머물고 다시 군진으로 가서 광무廣武에 주둔했다. 관중關中의 군사들은 한왕을 따라 더 많이 출전했다.

病愈 西入關 至櫟陽 存問父老 置酒 梟故塞王欣頭櫟陽市① 留四日 復如軍 軍廣武 關中兵盆出

① 梟故塞王欣頭櫟陽市효고새왕흔두역양시

[색은] 효梟는 머리를 나무에 내거는 것이다. 흔은 사수 위에서 스스로 목을 베었는데, 역양에서 효수케 했으니 옛 도읍이기 때문이다. 그래서 효수해서 전시한 것이다.

【索隱】 梟 縣首於木也 欣自剄於汜水上 令梟之於櫟陽者 以舊都 故梟以示之也

이때 팽월彭越이 군사를 거느리고 양梁 땅에 있었는데, 왔다갔다하면서 초나라 군사들을 괴롭히고 그들의 군량미를 차단했다. 전횡田橫이 그곳으로 가서 팽월을 따랐다. 항우가 수차 팽월을 공격하자 제왕齊王 한신은 또 초나라로 진격했다. 항우가 두려워서 한왕과 천하를 둘로 나누어 홍구鴻溝 서쪽은 한漢나라에 할양하고 홍구 동쪽은 초楚나라 땅으로 하는 조약을 맺고,① 항왕은 한왕의 부모와 처자들을 돌려보내니 군중에서 모두 만세를 불렀다. 이에 군대를 돌려서 각각으로 철수시켰다.

當此時 彭越將兵居梁地 往來苦楚兵 絕其糧食 田橫往從之 項羽數擊彭越等 齊王信又進擊楚 項羽恐 乃與漢王約 中分天下 割鴻溝而西者爲漢 鴻溝而東者爲楚① 項王歸漢王父母妻子 軍中皆呼萬歲 乃歸而別去

① 鴻溝而東者爲楚홍구이동자위초

응소는 "홍구는 형양 동남쪽 30리에 있는데 대개 하수의 동남쪽을 끌어들여 회수淮水와 사수로 들어간다."라고 했다. 장화는 "한 도랑은 동남쪽으로 흘러 준의를 거치는데 이는 진시황이 판 것으로써 하수를 이끌어 대량大梁에 물을 대고 홍구라고 일렀다. 다른 한 도랑은 동쪽으로 양무陽武 남쪽을 지나서 관도수官渡水가 된다."고 했다. 《북정기北征記》에는 '중모대 아래 변수에 임하는데 이것이 관도수이다.'라고 했다.

【索隱】 應劭云 在榮陽東南三十里 蓋引河東南入淮泗也 張華云 一渠東南流 經浚儀 是始皇所鑿 引河灌大梁 謂之鴻溝 一渠東經陽武南 爲官渡水 北征記云 中牟臺下臨汴水 是爲官渡水也

항우는 군사를 철수해서 동쪽으로 돌아갔다. 한왕도 군사들을 이끌고 서쪽으로 돌아가려다가 유후留侯(장량)와 진평陳平의 계책을 써서 군사들을 전진시켜 항우를 추격했다. 양하陽夏 남쪽에 이르러 군사들을 머무르게 하고 제왕 한신과 건성후建成侯 팽월과 날짜를 정해서 회합하고 초나라 군사를 공격하기로 했다. 고릉固陵에 이르렀지만 회합이 이루어지지 않았다.

項羽解而東歸 漢王欲引而西歸 用留侯 陳平計 乃進兵追項羽 至陽夏南止軍 與齊王信 建成侯彭越期會而擊楚軍 至固陵 不會

이에 초나라가 한나라의 군사를 공격해 크게 무너뜨렸다. 한왕이 다시 군진으로 들어가 참호를 깊이 파고 지켰다. 장량의 계책을 써서 한신과 팽월을 모두 오게 했다. 유가劉賈는 초나라 땅으로 들어가 수춘壽春을[1] 포위했지만 한왕은 고릉固陵에서[2] 패했다.

楚擊漢軍 大破之 漢王復入壁 深塹而守之 用張良計 於是韓信 彭越 皆往 及劉賈入楚地 圍壽春[1] 漢王敗固陵[2]

① 壽春수춘

정의 지금의 수주이다.

【正義】 今壽州

신주 지금의 안휘安徽성 수현壽縣이다.

② 固陵고릉

집해 진작晉灼은 "곧 고시이다."라고 했다.

【集解】 晉灼曰 卽固始

신주 지금의 하남성 태강현太康縣 남쪽으로 비정한다.

이에 사신을 보내 대사마 주은周殷을[1] 부르자 주은은 구강九江
의 군사들을 일으켜 무왕武王(경포)을 맞이하고는 행군 도중 성
보城父를[2] 도륙하고 유가와 함께 제齊·양梁의 제후들을 모두
해하垓下에서[3] 크게 모이게 했다. 무왕武王 경포를 회남왕淮南王
으로 세웠다.

乃使使者召大司馬周殷[1]舉九江兵而迎(之)武王 行屠城父[2] 隨(何)
劉賈 齊梁諸侯皆大會垓下[3] 立武王布爲淮南王

① 周殷주은

집해 서광은 "주은周殷이 군사를 거느리고 유가劉賈를 따랐다."라고 했다.
【集解】 徐廣曰 周殷以兵隨劉賈

② 城父성보

정의 부父는 '보甫'로 발음한다. 지금의 박주현이다.
【正義】 父音甫 今亳州縣

③ 垓下해하

집해 서광은 "7월이다."라고 했다.
【集解】 徐廣曰 七月

유방이 천하를 평정하다

5년(서기전 202), 고조는 제후의 군사들과 함께 초군楚軍을 공격해서 항우와 해하垓下에서 승부를 결정짓게 되었다. 회음후淮陰侯(한신)가 30만 명의 군사들을 거느리고 스스로 맞섰다. 공장군孔將軍(孔熙)은 좌左에, 비장군費將軍(陳賀)은 우右에 두고, 황제皇帝(한왕)는 뒤에 있고, 강후絳侯(周勃)와 시무柴武장군은 황제 뒤에 있었다. 항우의 군사는 10만 명이었다. 회음후가 먼저 초나라 군사들과 겨루었으나 전세가 불리해서 퇴각했다. 공장군과 비장군이 좌우에서 협공하자[1] 초나라 군사가 불리해지자 회음후가 다시 이를 틈타[2] 해하垓下를 크게 무너뜨렸다.

五年 高祖與諸侯兵共擊楚軍 與項羽決勝垓下 淮陰侯將三十萬自當之 孔將軍居左 費將軍居右 皇帝在後 絳侯 柴將軍在皇帝後 項羽之卒可十萬 淮陰先合 不利 卻 孔將軍 費將軍縱[1] 楚兵不利 淮陰侯復乘之[2] 大敗垓下

① 孔將軍費將軍縱공장군비장군종

[정의] 두 사람은 한신韓信의 장수이다. 군사를 멋대로 움직여 항우를 공격했다. '종縱' 자를 절구로 삼는다. 공장군은 육후인 공희이다. 비장군은 비후인 진하이다.

【正義】 二人韓信將也 縱兵擊項羽也 以縱字爲絶句 孔將軍 蓼侯孔熙 費將軍 費侯陳賀也

② 復乘之부승지

[정의] 復는 발음이 '부[扶富反]'다. 승乘은 등登과 같은데 진進(나아간다)의 뜻이다.

【正義】 復 扶富反 乘猶登也 進也

항우는 마침내 한나라 군진 안에서 부르는 초나라 노랫소리를^①
듣고 한나라가 초나라 땅을 모두 손에 넣었다고 여겨, 항우가 패
해서 달아났다. 이로써 군사가 크게 무너졌다. 기장騎將 관영에
게 항우를 추격하게 해서 동성東城에서 살해하고^② 8만 명의 수
급을 베어 마침내 초나라 땅을 빼앗아 평정했으나 노현魯縣은 초
나라를 위해 굳게 지켜 항복하지 않았다. 한왕이 제후군의 군사
들을 이끌고 북쪽으로 가서 노현의 부로들에게 항우의 머리를
보이자 노현이 이에 항복했다. 마침내 항우를 노공魯公으로 호칭
하고 곡성穀城에 장사지냈다. 돌아와 정도定陶에 이르렀다가 제
왕齊王의 진지로 달려가 그의 군권을 빼앗았다.

項羽卒聞漢軍之楚歌^① 以爲漢盡得楚地 項羽乃敗而走 是以兵大敗
使騎將灌嬰追殺項羽東城^② 斬首八萬 遂略定楚地 魯爲楚堅守不下
漢王引諸侯兵北 示魯父老項羽頭 魯乃降 遂以魯公號葬項羽穀城
還至定陶 馳入齊王壁 奪其軍

① 楚歌초가

정의 응소는 "지금의 계명가雞鳴歌이다."라고 했다. 안유진이 이르기
를 '초가는 오구(오나라 노래)이다.'라고 했다. 상고해보니 고조가 척부인
에게 초나라의 춤을 추게 하자 스스로 초가를 지었는데 이것이 초나라
사람들의 노랫소리이다.

② 殺項羽東城살항우동성

정월, 제후들과 장상將相들이 서로 함께 모두 한왕을 황제로 높이기를 청했다. 한왕이 말했다.

"내가 듣기에 제帝라는 것은 어진 자만이 가질 수 있는 것이오. 헛된 언어로 다스릴 바가 아니오. 나는 감히 제위帝位를 감당하지 못하오."

군신들이 모두 말했다.

"대왕께서는 미천한 곳에서 일어나 포악한 역적들을 주살해서 사해四海를 평정하셨으며, 공이 있는 자에게는 번번이 땅을 나누어서 봉하고 왕王이나 후작으로 삼으셨습니다. 대왕께서 존호尊號를 받지 않으시면 모두 의심해서 믿지 않을 것입니다. 신 등은 죽음으로써 지킬 것입니다."

正月 諸侯及將相相與共請尊漢王爲皇帝 漢王曰 吾聞帝賢者有也 空言虛語 非所守也 吾不敢當帝位 羣臣皆曰 大王起微細 誅暴逆 平定四海 有功者輒裂地而封爲王侯 大王不尊號 皆疑不信 臣等以死守之

한왕이 세 번 사양하고 부득이 해서 받으며 말했다.

"제군諸君들이 반드시 편안하게 여긴다면 국가가 편안할 것이오."

갑오甲午[1]일에 범수氾水의 북쪽에서 황제의 자리로 나아갔다.[2]

漢王三讓 不得已 曰 諸君必以爲便 便國家 甲午[1] 乃卽皇帝位氾水之陽[2]

① 甲午갑오

집해 서광은 "2월 갑오이다."라고 했다.

【集解】 徐廣曰 二月甲午

② 卽皇帝位氾水之陽즉황제위범수지양

집해 채옹은 "상고의 천자를 황皇이라 호칭하고, 그 다음을 제帝라 호칭하고, 그 다음을 왕王이라 호칭한다. 진秦이 삼왕의 끝을 이어받았으나 한漢나라에서 몰아내 없애고, 스스로 덕이 삼황과 오제를 겸했다면서 아울러 호칭(황제)으로 삼은 것이다. 한고조가 천명을 받아서 공덕이 이에 마땅하므로 (황제라는 호칭을) 고치지 않았다."라고 했다.

【集解】 蔡邕曰 上古天子稱皇 其次稱帝 其次稱王 秦承三王之末 爲漢驅除 自以德兼三皇 五帝 故并以爲號 漢高祖受命 功德宜之 因而不改

정의 氾의 발음은 '범[敷劍反]'이다. 《괄지지》에는 "고조高祖가 즉위한 단壇은 조주曹州 제음현濟陰縣 경계에 있다."고 했다. 장안張晏은 "범수氾水는 제음현의 경계에 있는데 사랑이 넘치고 넓고 커서 아래를 윤택하게 하므로 취한 것이다."라고 했다.

【正義】 氾音敷劍反 括地志云 高祖即位壇在曹州濟陰縣界 張晏曰 氾水在濟陰界 取其氾愛弘大而潤下

황제皇帝(유방)가 말했다.

"의제義帝는 후사가 없다."

그리고 초나라 풍속에 익숙한 제왕 한신韓信을 초왕으로 옮겨서 하비下邳에[1] 도읍하게 했다. 건성후 팽월을 세워 양왕으로 삼아서 정도定陶에[2] 도읍하게 했다. 옛 한왕 신을[3] 한왕韓王으로 삼아서 양적陽翟에[4] 도읍하게 했다.

皇帝曰義帝無後 齊王韓信習楚風俗 徙爲楚王 都下邳[1] 立建成侯彭越爲梁王 都定陶[2] 故韓王信[3]爲韓王 都陽翟[4]

---

① 下邳하비

정의 邳는 발음이 '피[被悲反]'다. 사주泗州 하비현下邳縣이 이곳으로서 초왕楚王 한신韓信의 도읍지이다.

【正義】 音被悲反 泗州下邳縣是 楚王韓信之都

② 定陶정도

조주曹州 제음현濟陰縣 성이 이곳으로서 양왕梁王 팽월彭越의 도읍지이다.

【正義】 曹州濟陰縣城是 梁王彭越之都

③ 故韓王信고한왕신

한왕신韓王信(?~서기전 196년)은 희성姬姓이고 한韓씨로서 한韓나라 종실로서 이름이 신信이다. 앞에 나온 회음후淮陰侯 한신韓信과 혼동을 피하기 위해 한왕신韓王信이라고 부른다. 유방이 흉노를 막도록 북방에 보냈지만 흉노에게 투항했다. 서기전 196년에는 흉노의 일원이 되어 한漢나라와 전투 도중 사망했다. 희성姬姓은 중국의 8대 성八大姓 중 하나로서 황제黃帝의 후손으로 동이족인데,《설문說文》에는 황제가 희수姬水가에 살았으므로 성씨로 삼았다고 전한다. 당唐나라 개원開元 연간에 주周성으로 바꾸었다.

④ 陽翟양적

낙주洛州 양적현陽翟縣이 이곳으로서 한왕 신韓王信의 도읍지이다.

【正義】 洛州陽翟縣是 韓王信之都

형산왕 오예吳芮를 장사왕으로 옮겨서 임상臨湘에① 도읍하게 했다. 파군番君(오예)의 장수인 매연梅鋗은 황제를 따라서 무관武關으로 들어간 공이 있었으므로 그 덕을 기려 파군番君으로 삼았다. 회남왕 경포와 연왕 장도臧荼와 조왕 오오敖는 모두 옛날과 같았다.

徙衡山王吳芮爲長沙王 都臨湘① 番君之將梅鋗有功 從入武關 故德番君 淮南王布 燕王臧荼 趙王敖皆如故

① 臨湘임상

정의 《괄지지》에는 "담주潭州 장사현長沙縣은 본래 한漢의 임상현臨湘縣인데 장사왕長沙王 오예吳芮의 도읍지이다. 오예의 묘는 장사현 북쪽 4리에 있다."고 했다.

【正義】 括地志云 潭州長沙縣 本漢臨湘縣 長沙王吳芮都之 芮墓在長沙縣北四里

천하가 크게 안정되었다. 고조는 낙양에 도읍하고 제후들은 모두 신하로 복속시켰다. 옛날 임강왕 환驩이① 항우를 위해 한나라에서 반란을 일으켰다. 노관盧綰과 유가劉賈에게 포위하도록 명령했으나 함락시키지 못했다. 여러 달 후에 공환이 항복하자 낙양에서 죽였다.

天下大定 高祖都雒陽 諸侯皆臣屬 故臨江王驩①爲項羽叛漢 令盧綰 劉賈圍之 不下 數月而降 殺之雒陽

① 驩환

집해 서광은 "다른 판본一作에는 '위尉'로 되어 있다."고 했다.

【集解】 徐廣曰 一作尉

5월, 군사들을 모두 해산시켜 집으로 돌아가게 했다. 제후의 아들 중 관중關中에 있는 자는 12년 간 부역을 면제시켜 주고, 봉국으로 돌아간 자들은 6년 간 부역을 면제시켜 주고 1년 동안 조정에서 먹여주게① 했다.

五月 兵皆罷歸家 諸侯子在關中者復之十二歲 其歸者復之六歲 食① 之一歲

① 食사

정의   食은 '사寺'로 발음한다.

【正義】 食音寺

고조가 낙양의 남궁에서① 주연을 베풀었다. 고조가 말했다.
"열후列侯와 여러 장수들은 감히 짐에게 숨기지 말고 모두 마음
속에 있는 말을 하라. 내가 천하를 갖게 된 까닭은 무엇이고, 항
씨項氏가 천하를 잃은 까닭은 무엇인가?"
고기高起와 왕릉王陵이② 대답했다.
"폐하께서는 거만해서 남을 업신여겼고, 항우는 인자해서 남을
사랑했습니다. 그러나 폐하께서는 사람을 시켜서 성을 공격하
고 땅을 차지하면 이를 항복시킨 자에게 나누어 주어 천하와 이
익을 나누셨습니다. 항우는 어진 자를 질투하고 능력 있는 자를
시기했으며 공이 있는 자를 해치고 어진 자를 의심했습니다. 싸
워서 승리했지만 남과 공을 나누지 않고 땅을 얻어도 그 이익을
남과 함께 하지 않았으니 이 때문에 천하를 잃은 것입니다."
高祖置酒雒陽南宮① 高祖曰 列侯諸將無敢隱朕 皆言其情 吾所以有
天下者何 項氏之所以失天下者何 高起 王陵②對曰 陛下慢而侮人
項羽仁而愛人 然陛下使人攻城略地 所降下者因以予之 與天下同
利也 項羽妒賢嫉能 有功者害之 賢者疑之 戰勝而不予人功 得地而
不予人利 此所以失天下也

① 南宮남궁

정의 《괄지지》에는 "남궁南宮은 낙주雒州 낙양현雒陽縣 동북쪽 26
리 낙양 옛 성안에 있다."고 했다. 《여지지輿地志》에는 "진秦나라 때 이
미 남궁南宮과 북궁北宮이 있었다."고 했다.

【正義】 括地志云 南宮在雒州雒陽縣東北二十六里洛陽故城中 輿地志云
秦時已有南北宮

② 高起王陵고기왕릉

정의 맹강은 "성은 고高이고 이름은 기起이다."라고 했다. 신찬臣瓚
은 "《한제연기漢帝年紀》에 고제高帝 때 평신후平信侯 신臣 왕릉과 도무
후都武侯 신臣 고기高起가 있었다. 《위상병길주사魏相丙吉奏事》에 고제高
帝 때 일을 아뢴 장군으로 신臣 왕릉과 신 고기가 있었다."고 했다.

【集解】 孟康曰 姓高 名起 瓚曰 漢帝年紀高帝時有信平侯臣陵 都武侯臣
起 魏相丙吉奏事高帝時奏事有將軍臣陵 臣起

고조가 말했다.

"그대들은 한 가지만 알고 두 가지는 알지 못한 것이다. 무릇 장막 안에서 계책을 짜내서 천 리 밖의 승부를 결정짓는 것은 내가 장자방張子房(張良)만 못하다. 나라를 진정시키고 백성들을 위로하며 군량을 공급하거나 군량의 수송로가 끊어지지 않게 하는 것은 내가 소하蕭何만 못하다. 백만 군사를 연합해서 싸우면 반드시 승리하고 공격하면 반드시 빼앗는 것은 내가 한신만 못하다. 이 세 사람은 모두 인걸人傑인데, 내가 그들을 등용할 수 있었으므로 이것이 천하를 취하게 된 것이다. 항우는 범증范增 한 사람이 있었으나 그도 등용하지 못했으니 이것이 그가 내게 포로가 된 까닭이다."

고조는 오래토록 낙양을 도읍으로 삼고자 했지만 제나라 사람 유경劉敬이 설득하고, 유후留侯(장량)도 임금에게 관중關中에 들어가 도읍으로 삼아야 한다고 하자 고조는 그 날로 어가御駕를 타고 관중으로 들어가 도읍으로 정했다. 6월, 천하에 대사면령을 내렸다.

高祖曰 公知其一 未知其二 夫運籌策帷帳之中 決勝於千里之外 吾不如子房 鎭國家 撫百姓 給饋饟 不絶糧道 吾不如蕭何 連百萬之軍 戰必勝 攻必取 吾不如韓信 此三者 皆人傑也 吾能用之 此吾所以取天下也 項羽有一范增而不能用 此其所以爲我擒也 高祖欲長都雒陽 齊人劉敬說 乃留侯勸上入都關中 高祖是日駕 入都關中 六月 大赦天下

10월, 연왕 장도臧荼가 반란을 일으켜서 대代 땅을 공격해 함락시켰다. 고조가 스스로 군사를 이끌고 공격해서 연왕 장도를 사로잡았다. 곧바로 태위 노관盧綰을 연왕으로 삼았다. 승상 번쾌에게 군사를 거느리고 대代를 공격하게 했다.

그해 가을, 이기利幾가[1] 반란을 일으키자 고조가 스스로 군사를 이끌고 공격했는데 이기가 달아났다. 이기利幾는 항우의 장수였다. 항우가 패할 때 진공陳公이었는데 항우를 따르지 않고 고조에게 망명하자 고조가 영천후로 삼았다. 고조가 낙양에 이르러 모든 제후들에게[2] 명부를 가지고 오라고 부르자 이기가 두려웠다. 그래서 반역을 한 것이다.

十月 燕王臧荼反 攻下代地 高祖自將擊之 得燕王臧荼 卽立太尉盧綰爲燕王 使丞相噲將兵攻代 其秋 利幾[1]反 高祖自將兵擊之 利幾走 利幾者 項氏之將 項氏敗 利幾爲陳公 不隨項羽 亡降高祖 高祖侯之穎川 高祖至雒陽 舉通侯[2]籍召之 而利幾恐 故反

① 利幾이기

정의 幾는 '기機'로 발음한다. 이기利幾는 성명姓名이다. 항우의 장군으로서 진陳의 현령縣令이었는데, 한漢나라에 항복했으나 고제高帝가 제후들을 부르자 이기利幾는 두려워서 반란을 일으켰다.

【正義】 幾音機 姓名也 項羽之將 爲陳縣令 降漢 高帝徵諸侯 利幾恐 故反

② 通侯통후

[정의] 여순은 "모든 제후通侯의 적籍을 얻는 것이다."라고 했다.

【集解】 如淳曰 得在通侯之籍

제4장

유씨 천하를 만들다

자식과 동생들을 제후로 봉하다

6년, 고조는 5일에 한 번 아침에 태공太公(부친)을 찾아뵈었는데, 일반 백성 집안 부자의 예와 같이 했다. 태공의 가신이 태공을 설득하며 말했다.

"하늘에는 2개의 태양이 없고 땅에는 2명의 왕이 없는 것입니다. 지금 고조께서 비록 아들이시지만 사람들의 군주이십니다. 태공께서는 비록 아버지이시지만 남의 신하입니다. 어째서 인주人主로 하여금 인신人臣에게 절하게 하십니까? 이렇게 하시면 위엄의 중함을 행할 수 없습니다."

이후에 고조가 찾아뵈면 태공이 빗자루를 들고[1] 문에서 맞이하고 뒤로 물러났다. 고조가 크게 놀라서 내려와 태공을 부축했다. 태공이 말했다.

"제왕은 인주人主이신데 어찌 나 때문에 천하의 법을 어지럽히겠습니까?"

이에 고조가 태공을 태상황太上皇으로[2] 추존하고 마음속으로 가신의 말을 아름답게 여겨서[3] 황금 500근을 하사했다.

六年 高祖五日一朝太公 如家人父子禮 太公家令說太公曰 天無二
日 土無二王 今高祖雖子 人主也 太公雖父 人臣也 柰何令人主拜人
臣！如此 則威重不行 後高祖朝 太公擁篲^① 迎門卻行 高祖大驚 下
扶太公 太公曰 帝 人主也 柰何以我亂天下法 於是高祖乃尊太公爲
太上皇^② 心善家令言^③ 賜金五百斤

① 擁篲용추

집해 이기李奇는 "공손함을 위한 것으로서 지금 군졸이 빗자루를
잡은 것과 같은 것이다."라고 했다.
【集解】 李奇曰 爲恭也 如今卒持帚者也

② 太上皇태상황

집해 채옹은 "제帝라고 말하지 않았으니 천자는 아니다."라고 했다.
【集解】 蔡邕曰 不言帝 非天子也

색은 상고해보니 채옹은 "제帝라고 말하지 않았으니 천자가 아니
다."라고 했다. 또 상고해보니 〈본기本紀〉에 진시황이 장양왕莊襄王을
추존해서 태상황太上皇으로 삼았다고 했으니 이미 고사故事가 있었다.
대개 태상太上은 위가 없는 것이다. 황皇이란 덕德이 제帝보다 큰 것인

데 그 아버지를 높이고자 해서 태상황이라고 호칭한 것이다.

【索隱】 按 蔡邕云 不言帝 非天子也 又按 本紀秦始皇追尊莊襄王爲太上皇 已有故事矣 蓋太上者 無上也 皇者德大於帝 欲尊其父 故號曰太上皇也

③ 心善家令言심선가령언

색은 안씨顏氏가 상고해보니 순열荀悅은 "옛날부터 비록 천자는 반드시 높이는 것이 있었지만 아버지가 없으면 오히려 삼로三老를 설치했는데 하물며 그가 살아 있음에랴! 가령家令의 말이 지나친 것이다."라고 말했다. 진유보晉劉寶는 "자기 마음을 드러내 깨우쳐준 것을 아름답게 여겨서善其發悟己心 아버지의 호칭을 높일 수 있었다."라고 했다.

【索隱】 顏氏按 荀悅云 故雖天子必有尊也 無父猶設三老 況其存乎 家令之言過矣 晉劉寶云 善其發悟己心 因得尊崇父號也

12월, 어떤 사람이 초왕 한신韓信이 모반하려 한다고 상변上變했다. 임금이 좌우 측근들에게 묻자 좌우에서는 다투어 공격하자고 했다. 진평의 계책을 써서 거짓으로 운몽雲夢으로① 유람을 가면서 제후들을 진陳으로 모이라고 했다. 초왕 한신이 영접하자 곧바로 체포했다. 이날 대사면령을 내렸다.

十二月 人有上變事告楚王信謀反 上問左右 左右爭欲擊之 用陳平計 乃僞遊雲夢① 會諸侯於陳 楚王信迎 即因執之 是日 大赦天下

① 雲夢운몽

집해 │ 위소는 "남군南郡 화용현華容縣에 있다."라고 했다.

【集解】 韋昭曰 在南郡華容縣

전긍田肯이① 하례하고 고조를 설득했다.

"폐하께서는 한신을 사로잡고 또 진중秦中을② 다스렸습니다. 진秦은 형승지국形勝之國이며,③ 산하의 지형이 험준하고 천 리나 멀리 떨어져 있어서 백만 군대가 창을 가지고 진격해도 진秦나라는 100분의 2만 갖추면 됩니다.④ 지세가 유리하므로 제후들에 군사를 복종하게 하는 것은 비유하면 높은 집 위에 거주하면서 기와고랑으로 동이물을 붓는 것과 같습니다.⑤

田肯①賀 因說高祖曰 陛下得韓信 又治秦中② 秦 形勝之國③ 帶河山之險 縣隔千里 持戟百萬 秦得百二④焉 地勢便利 其以下兵於諸侯 譬猶居高屋之上建瓴水也⑤

① 田肯전긍

색은 │ 《한기漢記》와 《한서》에는 '긍肯'이 '소宵'로 되어 있다. 유현劉顯은 서로 전해지다 '긍肯' 자가 되었다고 말했다.

【索隱】 漢紀及漢書作宵 劉顯云相傳作 肯也

② 秦中진중

집해　여순은 "당시에 산동山東 사람들이 관중關中을 진중秦中이라고 일렀다."고 했다.
【集解】　如淳曰 時山東人謂關中爲秦中

③ 秦形勝之國진형승지국

집해　장안張晏은 "진秦나라 땅은 산하山河를 둘러서 지형의 형세가 승리를 얻기에 편리하다."라고 했다.
【集解】　張晏曰 秦地帶山河 得形勢之勝便者

색은　위소는 "지형이 험하고 강고해서 능히 남을 이길 수 있다."라고 했다.
【索隱】　韋昭云 地形險固 故能勝人也

④ 秦得百二진득백이

집해　응소應劭는 "하수와 산이 험하고 제후들과 서로 멀리 떨어져 있고 땅이 천 리가 끊겼다. 그래서 제후를 사로잡을 수 있고 천하의 이로움이 100이면 2를 얻을 수 있다."고 했다. 이비李斐는 "하수와 산이 험하고 지세地勢가 높기 때문에 순조롭게 흘러서 아래로 내려가기 쉽다. 그래서 천하가 진秦나라에 천 리나 동떨어져 있어 백 만 군대가 창을 가지고 진격해도 진나라는 100 중의 2면 맞설 수 있다."고 했다. 소림蘇林은 "백 중의 2면 맞설 수 있다. 진秦나라 땅은 험고險固하기 때문에 2만 명으로 제후의 백만 명을 당해내기에 충분하다."고 했다.

【集解】 應劭曰 河山之險 與諸侯相縣隔 地絕千里 所以能禽諸侯者 得天下之利百二也 李斐曰 河山之險 由地勢高 順流而下易 故天下於秦縣隔千里 持戟百萬 秦得百二焉 蘇林曰 得百中之二焉 秦地險固 二萬人足當諸侯百萬人也

[색은] 복건服虔은 "함곡관函谷關에서 장안長安까지 거리가 1,000리이므로 현격縣隔하다고 이른 것이다."라고 했다. 상고해보니 문文이 하수와 산의 험고險固한 형승形勝이어서 그 형세가 1,000리 떨어져 있는 것과 같다고 했다.

　소림은 "백이百二는 100 중의 20으로서 20만 명이다."라고 했다. 우희虞喜는 "백이는 100 중의 2이다. 제후가 창을 가진 자 100만이라도 진나라 땅이 험고하기에 천하의 갑절이 되어야 한다. 그래서 '득백이언得百二焉'이라고 한 것은 그 갑절을 말한 것이다. 무릇 진나라 군사를 당하려면 200만이 있어야 한다고 말한 것이다.

　'제득십이齊得十二'도 마찬가지여서 예부터 동진東秦과 서진西秦은 그 형세가 서로 필적한다고 말한 것이다. 다만 문장을 서로 피해서 썼기에 [但立文相避] '십이十二'라고 한 것이다. 나머지 제후들은 10만이라고 말한 것은 제齊나라 땅의 형세가 승勝해서 또한 다른 나라의 갑절이기에 20만 명이라야 당할 수 있다고 한 것이다."라고 했다.

【索隱】 服虔云 謂函谷關去長安千里爲縣隔 按 文以河山險固形勝 其勢如

隔千里也 蘇林曰 百二 百中之二 二十萬人也 虞喜云 百二者 得百之二 言
諸侯持戟百萬 秦地險固 一倍於天下 故云得百二焉 言倍之也 蓋言秦兵當
二百萬也 齊得十二亦如之 故爲東西秦 言勢相敵 但立文相避 故云十二 言
餘諸侯十萬 齊地形勝亦倍於他國 當二十萬人也

⑤ 建瓴水건영수

집해 여순은 "영瓴은 물이 가득한 단지이다. 높은 지붕 위에 있으면
서 단지의 물을 뿌리면 아래로 향하는 기세이기 쉽다고 말한 것이다."
라고 했다. 建의 음은 건寋이다. 진작晉灼은 "허신許愼이 영瓴은 병과 비
슷한 항아리이다."라고 했다.

【集解】 如淳曰 瓴 盛水瓶也 居高屋之上而幡瓴水 言其向下之勢易也 建
音寋 晉灼曰 許愼曰瓴 甕似瓶者

무릇 제나라는 동쪽으로 낭야와 즉묵의 풍요로움이 있고 남쪽으로는 태산의 견고함이 있으며 서쪽으로는 탁하로써[1] 경계를 삼고 있으며 북쪽으로는 발해의[2] 이로움이 있습니다. 지역이 사방 2,000리로 창을 가진 백만의 군대라도 천 리 밖[3] 멀리 있으니 제후의 군사가 100만이라도 제나라는 20만 명의 군사만 갖추면 됩니다.[4] 그래서 이곳을 동진東秦과 서진西秦이라고 하는 것입니다. 폐하의 친자제가 아니라면 제나라의 왕으로 삼지 않는 것이 좋을 것입니다."

고조가 말했다.

"좋다." 하며 황금 500근을 하사했다.

夫齊 東有瑯邪 卽墨之饒 南有泰山之固 西有濁河[1]之限 北有勃海[2]之利 地方二千里 持戟百萬 縣隔千里之外[3] 齊得十二[4]焉 故此東西秦也 非親子弟 莫可使王齊矣 高祖曰 善 賜黃金五百斤

---

① 濁河탁하

집해 진작은 "제齊나라 서쪽에는 평원平原이 있다. 하수河水는 동북쪽에서 고당高唐을 지나는데 고당이 곧 평원平原이다. 맹진孟津은 황하黃河이기 때문에 탁하濁河라고도 부른다."고 했다.

【集解】 晉灼曰 齊西有平原 河水東北過高唐 高唐卽平原也 孟津號黃河故曰濁河

② 勃海발해

색은　최호崔浩는 "발勃은 곁을 지나가는 것이다. 곁을 지나가서 나가면 제나라 북쪽은 횡橫(가로)이 된다. 그래서 〈제도부〉에 '바다가 곁으로 나가서 발勃이 되므로 이름을 발해군勃海郡이라'고 한다."고 했다.

【索隱】 崔浩云 勃 旁跌也 旁跌出者 橫在濟北 故齊都賦云海旁出爲勃 名曰勃海郡

③ 之外지외

색은　제齊나라의 국경의 넓이는 천리뿐만이 아니다. 그래서 '지외之外'라고 이른 것이다.

【索隱】 以言齊境闊不啻千里 故云 之外也

④ 齊得十二제득십이

집해　응소는 "제齊나라는 10에 2만 있으면 된다. 그래서 제민왕濟湣王이 동제東帝라고 칭했다. 뒤에 다시 복귀했다가 마침내 진秦나라에 멸망당한 것은 날카로움과 둔한 형세가 달랐기 때문이다."고 했다. 이비李斐는 "제齊에는 산하로 경계를 삼고 땅은 사방 2,000리인데 이는 천하와 더불어 현격懸隔한 것이다. 가령 창을 가진 100만의 군졸이 있어도 제나라는 10분의 2면 된다. 100만의 10분의 2는 또한 20만 명이다. 다만 문장이 서로 피했을 뿐이다. 그래서 동서의 진秦은 그 형세가 또

필적한다고 말한 것이다."라고 했다. 소림은 "십이十二는 10분의 2를 얻은 것으로 20만 명이 100만을 상대한다는 것이다. 제나라가 비록 견고하지만 진秦나라가 2만 명으로 100만을 상대하는 것과는 같지 못하다고 말한 것이다."라고 했다.

【集解】 應劭曰 齊得十之二 故齊湣王稱東帝 後復歸之 卒爲秦所滅者 利鈍之勢異也 李斐曰 齊有山河之限 地方二千里 是與天下縣隔也 設有持戟百萬之衆 齊得十中之二焉 百萬十分之二 亦二十萬也 但文相避耳 故言東西秦 其勢亦敵也 蘇林曰 十二 得十中之二 二十萬人當百萬 言齊雖固 不如秦二萬乃當百萬

십여 일이 지난 뒤 한신을 봉하여 회음후로 삼고 그 땅을 나누어 두 나라로 만들었다. 고조는 장군 유가劉賈가 여러 번 공이 있었다고 말하고 형왕荊王으로[1] 삼아서 회수淮水 동쪽의 왕이 되게 했다. 아우인 교交를 초왕으로 삼아 회수 서쪽의 왕이 되게 했다. 아들 비肥를 제왕으로 삼아서 70여 개 성의 왕王으로 삼고 백성들 중에서 제나라 말을 할 수 있는 자는 모두 제나라에 소속되게 했다.[2] 이에 공을 논하고 여러 제후들에게 부절을 쪼개어 봉작했다. 한왕 신信을[3] 태원으로 옮겼다.

後十餘日 封韓信爲淮陰侯 分其地爲二國 高祖曰將軍劉賈數有功 以爲荊王[1] 王淮東 弟交爲楚王 王淮西 子肥爲齊王 王七十餘城 民能齊言者皆屬齊[2] 乃論功 與諸列侯剖符行封 徙韓王信[3]太原

① 荊王형왕

색은 이에 오吳 땅의 왕이 된 것인데 회동淮東(회수 동쪽)에 있다. 요찰姚察이 상고해보니 우희虞喜는 "모두 오吳라고 말했는데 별도로 형荊이라고 말한 것은 산山 이름으로 국가 이름을 명명한 것이다. 지금 서남쪽에 형산荊山이 있는데 양선陽羨의 경계에 있다. 유가劉賈를 오吳나라 땅에 봉하고 형왕荊王이라고 부른 것은 이 뜻을 취한 것을 가리킨 것이다."라고 했다. 《태강지리지》에 양선현陽羨縣의 본래 이름은 형계荊溪라고 했다.

【索隱】 乃王吳地 在淮東也 姚察按 虞喜云 總言吳 別言荊者 以山命國也 今西南有荊山 在陽羨界 賈封吳地而號荊王 指取此義 太康地理志陽羨縣 本名荊溪

② 民能齊言者皆屬齊민능제언자개속제

집해 《한서음의》에는 "이는 당시 백성이 떠돌아다니며 옮겨 다닌 것[流移]을 말한 것이다. 그래서 제나라 말을 하는 자는 제齊나라로 돌아가게 했다."라고 했다.

【集解】 漢書音義曰 此言時民流移 故使齊言者還齊也

정의 상고해보니 제국齊國의 형세가 진중秦中보다 다음으로 좋았다고 말한 것이다. 그래서 아들 유비劉肥를 봉해서 70여 개 성을 다스리게 하고 제나라 성읍 부근에서 제나라 말을 할 줄 아는 자는 모두 나누

서한(전한) 이성 제후 봉국도

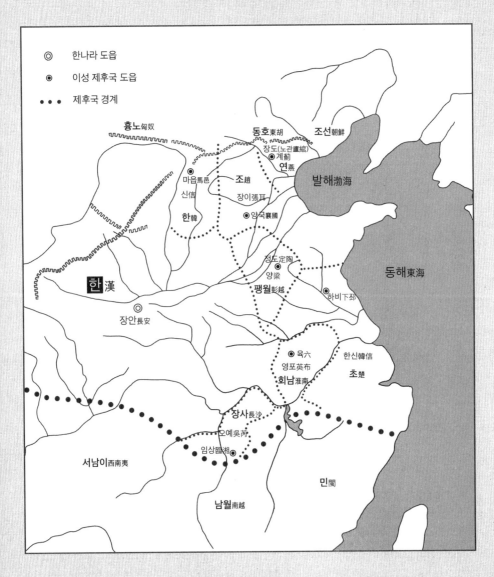

◎   한나라 도읍

◉   이성 제후국 도읍

•••   제후국 경계

흉노匈奴

동호東胡   조선朝鮮

장도(노관盧綰)

계薊

연燕

마읍馬邑   조趙

신信   장이張耳   발해渤海

한韓   양국襄國

정도定陶   동해東海

양梁

팽월彭越   하비下邳

한漢

장안長安

육六   한신韓信

영포英布   초楚

회남淮南

장사長沙

오예吳芮   서남이西南夷

임상臨湘

민閩

남월南越

【참고문헌】

司馬遷,《史記》〈高祖本紀〉

어서 제나라에 속하게 한 것이다. 친자親子이므로 그 도읍을 크게 한 것이니 맹강의 설명이 아마도 잘못일 것이다.

【正義】 按 言齊國形勝次於秦中 故封子肥七十餘城 近齊城邑 能齊言者咸割屬齊 親子 故大其都也 孟說恐非

신주 '제나라 말齊言을 할 줄 아는 자'라는 말은 이 당시 제나라 말이 다른 제후국들의 말과 달랐다는 뜻이다. 산동반도의 제나라는 동이족이 살던 지역으로서 이때까지도 다른 제후국들과는 말이 달랐음을 시사한다. 《맹자》에게도 말이 달랐음을 알 수 있게 하는 문장이 보인다.

③ 信신

색은 한왕韓王 신信이 처음에 양적陽翟에 도읍했다.

【索隱】 信初都陽翟也

흉노에게 대패하다

7년(서기전 200년), 흉노가 한왕 신을 마읍에서① 공격하자 한왕

신이 이를 계기로 흉노와 태원에서 모반했다.② 또 백토白土에서③

만구신曼丘臣과④ 왕황王黃이⑤ 옛 조나라 장수 조리趙利를 왕으

로 삼고 모반하자 고조가 스스로 가서 공격했다.

七年 匈奴攻韓王信馬邑① 信因與謀反太原② 白土③ 曼丘臣④ 王黃⑤

立故趙將趙利爲王以反 高祖自往擊之

① 馬邑마읍

[정의] 《수신기搜神記》에는 "옛날 진秦나라 사람이 무주새武周塞에 이

민족胡을 대비하기 위해 성을 쌓았는데 성이 만들어졌지만 여러 번 무

너졌다. 말을 빨리 달리는 자가 있어 성을 반복해서 돌았는데 부로父老

들이 이상하게 여기고 이에 의지해서 성을 쌓자 무너지지 않았다. 그래서 마읍馬邑이라고 이름지었다."라고 했다. 《괄지지》에는 "삭주성朔州城이 한漢나라의 안문鴈門으로서 곧 마읍현馬邑縣의 성이다. 한신韓信을 마읍馬邑에서 공격했다는 곳이 곧 이 성이다."라고 했다.

【正義】 搜神記云 昔秦人築城於武周塞以備胡 城將成而崩者數矣 有馬馳走 周旋反覆 父老異之 因依以築城 乃不崩 逐名馬邑 括地志云 朔州城 漢鴈門 即馬邑縣城也 攻韓信於馬邑 即此城

② 信因與謀反太原신인여모반태원

신주 흉노가 한나라 마읍을 쳐들어오자 한왕韓王 신信이 한고조에게 문책을 당할 것을 우려해 흉노에게 투항한 일을 말한다.

③ 白土백토

집해 서광은 "상군上郡에 있다."고 했다.

【集解】 徐廣曰 在上郡

④ 曼丘臣만구신

신주 전한 초, 상군上郡 백토白土 사람인데 만구曼丘는 복성複姓이다. 한왕韓王 신信의 부장으로 한왕이 고조에게 돌아서자 흉노로 도피했다. 다시 한왕의 해산한 군사들을 수습해서 흉노와 공모하여 한나라를 공격했으나 고조에 의해 격퇴당한 후 한漢의 열후 진희陳豨에게 귀의했다. 진희가 한나라에서 돌아섰다가 패한 후 만구신은 사로잡혔다.

⑤ 王黃왕황

신주 흉노匈奴 사람으로 한왕韓王 신信의 부장이다. 한왕 신이 흉노에 투항하자 만구신과 함께 전국시대 조趙나라 왕의 후예인 조리趙利를 왕으로 추대하고 한고조에게 대항했다.

> 그때 몹시 추운 날씨를 만나 사졸士卒들 중 손가락이 얼어서 떨어진 자가 열에 두 세 명이나 될 정도였지만 마침내 평성平城에①이르렀다. 흉노는 우리가 진치고 있는 평성을 포위하고 있다가 7일 만에 포위를 풀고 돌아갔다. 번쾌에게 대代땅에 머물러 평정하도록 했다. 형 유중劉仲을 대왕으로 삼았다.
> 會天寒 士卒墮指者什二三 遂至平城① 匈奴圍我平城 七日而後罷去 令樊噲止定代地 立兄劉仲爲代王

① 平城평성

정의 《괄지지》에 "삭주朔州 정양현定襄縣은 본래 한漢나라 평성현平城縣이다. 현의 동북쪽 30리에 백등산白登山이 있고, 산 위에는 대臺가

있는데 이름을 백등대白登臺라고 한다."고 했다.《한서》〈흉노전匈奴傳〉
에는 모둔冒頓(묵돌)이 고제高帝(유방)를 백등白登에서 7일 간 포위했다
고 했는데 곧 이곳이다. 복건은 "백등白登은 대臺의 이름으로서 평성平
城과 거리는 7리이다."라고 했다. 이목숙李穆叔의《조기趙記》에는 "평성
동쪽 7리에는 토산土山이 있는데 높이는 100여 척이고 사방이 10여
리라고 했는데 또한 이를 이른다."고 했다.

【正義】 括地志云 朔州定襄縣 本漢平城縣 縣東北三十里有白登山 山上有
臺 名曰白登臺 漢書匈奴傳云 冒頓圍高帝於白登七日 卽此也 服虔曰 白登
臺名 去平城七里 李穆叔趙記云 平城東七里有土山 高百餘尺 方十餘里 亦
謂此也

신주 　모둔冒頓(재위 서기전 209년~서기전 174년)은 흉노의 선우單于(황제)
로서 유목 민족 최초로 유라시아 대륙을 아우르는 대제국을 건설한 군
주다. 묵돌로 부르는데 천신天神의 아들로서 제사장도 겸했다. 중원 통
일로 기세가 오른 한고조 유방을 백등산에서 포위해 위기에 빠뜨리는
데 한고조는 진평陳平을 모둔의 황후인 알關씨에게 보내서 겨우 빠져나
온 후 매년 막대한 공물을 바치는 조건으로 형제 조약을 맺었다.

2월, 고조가 평성으로부터 조趙와 낙양을 지나서 장안에① 이르렀다. 장락궁이 완성되자 승상 이하 모든 관료들이 장안으로 옮겨와서 다스렸다.

二月 高祖自平城過趙 雒陽 至長安① 長樂宮成 丞相已下徙治長安

① 長安장안

색은 상고해보니《한의주漢儀注》에는 "고조高祖 6년에 함양咸陽의 이름을 장안長安으로 고쳤다."고 했다.《삼보구사三輔舊事》에는 "부풍扶風 위성渭城이 본래 함양 땅이었는데 고제高帝가 신성新城을 만들어 재위 7년 장안에 소속시켰다."고 했다.

【索隱】 按 漢儀注高祖六年 更名咸陽曰長安 三輔舊事扶風渭城 本咸陽地 高帝爲新城 七年屬長安也

8년, 고조가 동쪽으로 가서 한왕 신의 나머지 반역자들을 동원東垣에서① 공격했다.

八年 高祖東擊韓王信餘反寇於東垣①

① 東垣동원

〈지리지〉에는 "동원東垣을 고제高帝가 진정眞定으로 이름을 바꾸었다."고 말했다.

【集解】 地理志 東垣 高帝更名曰眞定

소승상蕭丞相(소하)이 미앙궁을[1] 지으면서 동궐東闕, 북궐北闕,[2] 전전前殿, 무고武庫, 태창太倉을 세웠다. 고조가 돌아와서 궁궐이 매우 웅장한 것을 보고 노해서 소하에게 말했다.

"천하가 흉흉하고 괴로운 전쟁이 여러 해 동안 계속되고 있고, 그 성패를 알 수 없는데, 이 어찌 과도하게 궁실을 지었는가?"

소하가 답했다.

"천하가 아직도 안정되지 않았기 때문에 마침내 궁실을 지을 수 있었습니다. 또 천자는 사해四海를 집으로 삼는데 웅장하고 아름답지 않으면 엄중한 위엄이 없게 됩니다. 또한 후세에는 이보다 더하지 못하게 하면 됩니다."

고조가 이에 기뻐했다.

蕭丞相營作未央宮[1] 立東闕 北闕[2] 前殿 武庫 太倉 高祖還 見宮闕壯甚 怒 謂蕭何曰 天下匈匈苦戰數歲 成敗未可知 是何治宮室過度也 蕭何曰 天下方未定 故可因遂就宮室 且夫天子四海爲家 非壯麗無以重威 且無令後世有以加也 高祖乃說

① 未央宮미앙궁

정의 《괄지지》에는 "미앙궁未央宮은 옹주雍州 장안현 서북쪽 10리 장안 고성 안에 있다."고 했다. 안사고는 "미앙전未央殿은 비록 남쪽으로 향했으나 마땅히 글을 올리고 일을 아뢰고 배알하는 무리들은 모두 북궐北闕로 이르렀으며 공거사마公車司馬도 또한 북쪽에 있다. 이는 곧 북궐北闕을 정문正門으로 삼은 것이고, 또 동문東門과 동궐東闕을 두었는데 서쪽과 남쪽 양면에 이르러서는 문궐門闕이 없다. 소하蕭何가 처음 미앙궁을 지은 것은 염승厭勝(주문)의 술책으로 다스리는 것이 마땅하다고 여긴 것인가?"라고 했다. 상고해보니 북궐北闕이 정문이 된 것은 대개 진秦나라가 지은 전전前殿을 본뜬 것이다. 위수渭水를 건너서 함양咸陽호에 이은 것인데 천극天極의 각도閣道를 본떠서 끊어진 것을 한漢나라가 영실營室까지 이르게 한 것이다.

【正義】 括地志云 未央宮在雍州長安縣西北十里長安故城中 顏師古云 未央殿雖南嚮 而當上書奏事謁見之徒皆詣北闕 公車司馬亦在北焉 是則以北闕爲正門 而又有東門 東闕 至於西南兩面 無門闕矣 蕭何初立未央宮 以厭勝之術理宜然乎 按 北闕爲正者 蓋象秦作前殿 渡渭水屬之咸陽 以象天極閣道絕漢抵營室

② 北闕북궐

집해 《관중기關中記》에는 "동쪽에는 창룡궐蒼龍闕이 있고 북쪽에는 현무궐玄武闕이 있다. 현무玄武는 이른바 북궐北闕이다."라고 했다.

【集解】 關中記曰 東有蒼龍闕 北有玄武闕 玄武所謂北闕

동궐東闕은 이름이 창룡蒼龍이고 북궐은 이름이 현무玄武인데, 서쪽과 남쪽의 두 궐闕이 없는 것은 대개 소하蕭何가 염승厭勝(주문)의 법 때문에 세우지 않은 것이다. 《설문》에는 "궐闕은 문관門觀이다."라고 했다. 높이는 30장丈이다. 진가秦家의 구처舊處는 모두 위수渭水 북쪽에 있었고, 동궐東闕과 북궐北闕을 세운 것은 무릇 그 편리함을 취한 것이다.

【索隱】 東闕名蒼龍 北闕名玄武 無西南二闕者 蓋蕭何以厭勝之法故不立也 說文云 闕門觀也 高三十丈 秦家舊處皆在渭北 而立東闕北闕 蓋取其便也

고조가 동원東垣으로 가면서 백인柏人을[1] 지나가는데 조나라 재상 관고貫高 등이 고조를 시해하려고 모의했다. 고조는 마음이 안정되지 못해서 그로 인해 머무르지 않았다. 대왕 유중劉仲이 나라를 버리고 도망쳐 스스로 낙양으로 돌아오니 고조는 대왕을 폐하고 합양후合陽侯로[2] 삼았다.

高祖之東垣 過柏人[1] 趙相貫高等謀弑高祖 高祖心動 因不留 代王 劉仲弃國亡 自歸雒陽 廢以爲合陽侯[2]

---

① 柏人백인

《괄지지》에는 "백인柏人 고성은 형주邢州 백인현柏人縣의 서북쪽 12리에 있다. 한漢나라 백인柏人은 조趙나라에 속한다."고 했다.

【正義】 括地志云 柏人故城在邢州柏人縣西北十二里 漢柏人屬趙國

② 合陽侯합양후

정의 《괄지지》에는 "합양郃陽 고성은 동주同州 하서현河西縣 3리에 있다. 위 문후魏文侯 17년에 진秦나라를 공격하고 정鄭나라에 이르러 돌아오면서 성을 쌓았는데 합수郃水 북쪽에 있었다."고 했다.

【正義】 括地志云 郃陽故城在同州河西縣三里 魏文侯十七年 攻秦至鄭而 還築 在郃水之陽也

9년, 조나라 재상 관고貫高 등의 사건이 발각되어 삼족을 멸했다. 조왕 장오張敖를 폐하고 선평후宣平侯로 삼았다. 이 해에 귀족인 초나라의 소씨昭氏, 굴씨屈氏, 경씨景氏, 회씨懷氏와 제나라의 전씨田氏들을 관중으로 옮겼다.

미앙궁이 완성되었다. 고조가 제후와 신하들을 크게 조회하고 미앙궁 전전前殿에서 성대한 연회를 베풀었다. 고조가 옥 술잔①을 받쳐 들고 일어나서 태상황의 장수를 빌면서 말했다.

"처음에 대인大人께서는 항상 신을 무뢰배로② 여기시고 산업을 다스릴 수 없다고 하셨으며 둘째 형의 힘만 못하다고 하셨습니다. 지금 모某(고조)의 업적과 둘째 형의 업적을 비교하면 누가 많습니까?"

전상殿上의 여러 신하들이 모두 만세를 부르고, 크게 웃으며 즐거워했다.

未央宮成 高祖大朝諸侯羣臣 置酒未央前殿 高祖奉玉卮① 起爲太上皇壽 曰 始大人常以臣無賴② 不能治産業 不如仲力 今某之業所就 孰與仲多 殿上羣臣皆呼萬歲 大笑爲樂 九年 趙相貫高等事發覺 夷三族 廢趙王敖爲宣平侯 是歲 徙貴族楚昭 屈 景 懷 齊田氏關中

① 玉卮옥치

집해 응소는 "향음주례鄕飮酒禮의 기물이다. 네 되를 담는다."고 했다.

【集解】 應劭曰 鄕飮酒禮器也 受四升

② 無賴무뢰

집해 진작晉灼은 "허신許愼이 뢰賴는 이利라고 했다."라고 했다. 집에 이익을 들임이 없다. 어떤 이는 강회江淮 사이에서는 어린아이가 교활한 것이 많은 것을 '무뢰無賴'라고 한다고 했다.

【集解】 晉灼曰 許愼曰 賴 利也 無利入於家也 或曰江淮之閒謂小兒多狡猾爲無賴

10년(서기전 197) 10월, 회남왕 경포黥布와 양왕 팽월彭越, 연왕 노관盧綰, 형왕 유가劉賈, 초왕 유교劉交, 제왕 유비劉肥, 장사왕 오예吳芮가 모두 장락궁에① 와서 조회했다. 봄과 여름에는 나라에 별일이 없었다.

十年十月 淮南王黥布 梁王彭越 燕王盧綰 荊王劉賈 楚王劉交 齊王劉肥 長沙王吳芮皆來朝長樂宮① 春夏無事

---

① 長樂宮장락궁

정의 《괄지지》에는 "진秦나라 역양櫟陽 고궁故宮은 옹주雍州 역양현 櫟陽縣 북쪽 35리에 있는데 진 헌공秦獻公이 건조한 것이다."라고 했다.

〈삼보황도三輔黃圖〉에는 "고조高祖가 장안長安에 도읍했는데, 궁실이 없어서 역양궁에 거주했다."고 했다.

【正義】 括地志云 秦櫟陽故宮在雍州櫟陽縣北三十五里 秦獻公所造 三輔黃圖云 高祖都長安 未有宮室 居櫟陽宮也

7월, 태상황이 역양궁에서 붕어했다. 초왕과 양왕이 모두 와서 장송葬送했다.[1] 역양의 죄수들을 사면했다. 여읍酈邑을 신풍新豐으로 다시 고쳤다.[2]

七月 太上皇崩櫟陽宮 楚王 梁王皆來送葬[1] 赦櫟陽囚 更命酈邑曰新豐[2]

---

[1] 送葬송장

집해 《한서》에는 "만년현萬年縣에 장사지냈다."고 했다.
【集解】 漢書云 葬萬年

[2] 酈邑曰新豐이읍왈신풍

정의 酈의 발음은 '리[力知反]'다.《괄지지》에는 "신풍新豐 고성은 옹주 신풍현 서남쪽 4리에 있는데, 한漢의 신풍궁新豐宮이다. 태상황太上皇이 때때로 슬퍼하면서 즐겁지 않아서 고조가 몰래 좌우에게 그 까닭을 물었다. 그러자 평생 좋아했던 것은 백정이나 장사하는 젊은이들과, 술과 떡을 사서 투계鬪雞와 축국蹴踘(축구)을 하는 것을 즐거움으로 여겼는데, 지금은 이런 것들이 모두 없으니 즐겁지 않다고 대답했다. 고조가 이에 신풍을 짓고 친구들을 이사시켜 채우게 하니 태상황이 이에 즐거워했다.”라고 했다. 상고해보니 앞에서는 이읍酈邑에 성사城寺(성과 관청)를 짓고 백성들을 이사시켜 채우고 그 이름을 고치지 않았는데 태상황이 죽은 뒤에 신풍으로 고치라고 명한 것이다.

【正義】 麗邑 麗音力知反 括地志云 新豊故城在雍州新豊縣西南四里 漢新豊宮也 太上皇時悽愴不樂 高祖竊因左右問故 答以平生所好皆屠販少年酤酒賣餅 鬪雞蹴踘 以此爲歡 今皆無此 故不樂 高祖乃作新豊 徙諸故人實之 太上皇乃悅 按 前于麗邑築城寺 徙其民實之 未改其名 太上皇崩後 命曰新豊

8월, 조趙나라 상국 진희陳豨가[1] 대代 땅에서 반란을 일으켰다. 주상이 말했다.

"진희는 일찍이 나의 부하가 되어서 매우 믿었다. 대 땅은 내가 긴급한 곳으로 여겨서 진희를 열후로 봉했고[2] 상국으로 삼아 대를 지키게 했는데 지금 왕황王黃 등과 함께 대 땅을 강탈하려 하고 있다. 그러나 대 땅의 관리들과 백성들은 죄가 있지 않으니 대 땅의 관리들과 백성들은 사면하겠다."

八月 趙相國陳豨[1]反代地 上曰 豨嘗爲吾使 甚有信 代地吾所急也 故封豨爲列侯[2] 以相國守代 今乃與王黃等劫掠代地 代地吏民非有罪也 其赦代吏民

① 陳豨진희

집해 등전鄧展은 "동해東海 사람으로 이름은 저豬인데 희豨라고 한다."라고 했다.

【集解】 鄧展曰 東海人名豬曰豨

② 封豨爲列侯봉희위열후

집해 서광은 "진희가 장도臧荼를 공격하고 평정하는데 공로가 있어서 양하후襄夏侯에 봉했다."고 했다.

9월에 주상은 스스로 동쪽으로 가서 공격했다. 한단邯鄲에 이르자 주상이 기뻐하며 말했다.

"진희가 남쪽으로 한단을 근거지로 삼지 않고 장수漳水에서 저지하려고 하니 나는 그 무능함을 알겠다."

또 진희의 장수들이 모두 옛날 상인들이었다는 소식을 듣고 주상이 말했다.

"나는 그들을 어떻게 상대하는지 알고 있다."

이에 많은 금金으로 진희의 장수들을 꾀자 진희의 장수들이 많이 항복했다.

九月 上自東往擊之 至邯鄲 上喜曰 豨不南據邯鄲而阻漳水 吾知其無能爲也 聞豨將皆故賈人也 上曰 吾知所以與之 乃多以金啗豨將 豨將多降者

11년, 고조가 한단에서 진희 등을 다 주살하지 못했는데 진희의 장수인 후창侯敞이 만여 명을 거느려서 유격대로 가게 하고, 왕황은 곡역曲逆에① 주둔하고 장춘張春은 하수를 건너서② 요성聊城을③ 공격했다. 한나라에서는 장군 곽몽郭蒙에게 제나라 장수와 함께 공격하게 해서 크게 쳐부수었다. 태위 주발周勃은④ 태원으로 따라⑤ 들어가서 대 땅을 평정했다. 또 마읍에 이르렀으나 마읍을 함락시키지 못했다. 즉시 공격해서 멸망시켰다.

十一年 高祖在邯鄲誅豨等未畢 豨將侯敞將萬餘人游行 王黃軍曲逆① 張春渡河②擊聊城③ 漢使將軍郭蒙與齊將擊 大破之 太尉周勃④ 道⑤太原入 定代地 至馬邑 馬邑不下 卽攻殘之

① 曲逆곡역

집해 문영文穎은 "지금의 중산中山 포음蒲陰이 이곳이다."라고 했다.
【集解】 文穎曰 今中山蒲陰是

② 張春渡河장춘도하

정의 장춘은 진희의 장수이다. 또 유백장劉伯莊은 "그때의 요성聊城은 황하黃河 동쪽에 있는데, 왕망王莽 때에는 건乾이라고 했는데 지금의 탁하濁河 서북쪽이다."라고 했다. 지금 박주博州 서북쪽에 있다.《심

구도리기深丘道里記》에는 '왕망王莽은 원성元城 사람이다. 하수의 가까
운 곁에 살았는데 조부祖父의 분묘는 물이 부딪치는 곳이어서 하수에
이끌려 깊은 내로 흘러들었는데 이를 왕망하王莽河라고 했는데 지금은
말라버렸다.'라고 했다.

【正義】 陳豨將也 又劉伯莊云 彼時聊城在黃河之東 王莽時乾 今濁河西北

也 今在博州西北 深丘道里記云 王莽元城人 居近河側 祖父墳墓爲水所衝

引河入深川 此王莽河因枯也

③ 聊城요성

집해 서광은 "평원平原에 있다."고 했다.

【集解】 徐廣曰 在平原

정의 《괄지지》에는 "옛 요성聊城은 박주博州 요성현聊城縣 서쪽 20
리에 있다. 춘추시대에는 제齊나라의 서쪽 경계였다. 요聊는 섭攝의 뜻
이다. 전국시대戰國時代에도 제나라의 땅이었다. 진秦과 한漢에서 모두
동군東郡의 요성聊城으로 삼았다."고 했다.

【正義】 括地志云 故聊城在博州聊城縣西二十里 春秋時齊之西界 聊 攝也

戰國時亦爲齊地 秦漢皆爲東郡之聊城也

④ 周勃주발

집해 《한서》〈백관표〉에는 "태위太尉는 진秦나라 관직 이름이다."라

고 했다. 응소는 "위에서부터 아래까지 편안하게 하는 것을 위尉라고 하는데, 모든 무관武官들을 일컫는 칭호이다."라고 했다.

【集解】 漢書百官表曰 太尉 秦官 應劭曰 自上安下曰尉 武官悉以爲稱

⑤ 道도

집해 위소는 "도道는 종從과 같다."고 했다.

【集解】 韋昭曰 道猶從

진희의 장수 조리趙利가 동원을 지켰는데 고조가 공격했지만 함락시키지 못했다. 한 달여 남짓 되어 진희의 졸병들이 고조를 꾸짖자 고조가 화가 났다. 성을 함락시키고 고조를 욕한 자들은 나오게 해서 참수하고 욕하지 않는 자들을 원래대로 살게 했다. 이에 조나라의 산 북쪽을 나누어 아들 유항劉恒을 세워 대왕으로 삼고 진양晉陽에① 도읍하게 했다.

豨將趙利守東垣 高祖攻之 不下 月餘 卒罵高祖 高祖怒 城降 令出罵者斬之 不罵者原之 於是乃分趙山北 立子恒以爲代王 都晉陽①

---

① 晉陽진양

집해 여순은 "〈문제기文帝紀〉에는 중도中都에 도읍했다고 말했다. 또

문제文帝가 태원太原을 지나서 다시 진양晉陽과 중도中都에 2년을 보냈으니 도읍을 중도中都에 옮긴 것과 마찬가지다."라고 했다.

【集解】 如淳曰 文紀言都中都 又文帝過太原 復晉陽 中都二歲 似遷都於中都也

봄에 회음후 한신이 관중에서 모반하자 삼족을 멸했다.

여름, 양왕 팽월이 모반하자 폐해서 촉蜀으로 옮겼다. 다시 반역을 하려고 하자 결국 삼족을 멸했다. 아들 유회劉恢를 세워 양왕으로 삼고 아들 유우劉友를 회양왕淮陽王으로 삼았다.

가을 7월, 회남왕 경포가 반역을 일으켜 동쪽으로 형왕 유가劉賈의 땅을 병탄하고 북쪽으로 회수를 건너자 초나라 왕 유교가 달아나 설薛 땅으로 들어갔다. 고조가 스스로 가서 공격했다. 아들 장長을 세워 회남왕으로 삼았다.

春 淮陰侯韓信謀反關中 夷三族 夏 梁王彭越謀反 廢遷蜀 復欲反 遂夷三族 立子恢爲梁王 子友爲淮陽王 秋七月 淮南王黥布反 東并荊王劉賈地 北渡淮 楚王交走入薛 高祖自往擊之 立子長爲淮南王

제四장・다

고조가 죽고 여후가 정권을 장악하다

12년 10월, 고조가 이미 경포의 군대를 회추會甄(쾌추)에서① 격파하자 경포가 달아났다. 별장別將을 시켜서 추격하게 했다.

十二年 十月 高祖已擊布軍會甄① 布走 令別將追之

① 會甄회추

집해 서광은 "기현蘄縣의 서쪽에 있다."고 했다. 배인은 상고해보니 《한서음의漢書音義》에는 "會는 발음이 '쾌[儈保]'로서 읍邑 이름이다. 甄는 발음이 '쥐[直僞反]'이다."라고 했다.

【集解】 徐廣曰 在蘄縣西 駰案 漢書音義曰 會音儈保 邑名 甄音直僞反

색은 앞의 발음은 '쾌鱠', 뒤의 발음은 '쥐[丈僞反]'인데 지역 이름이다. 《한서》에는 '부缶'로 되어 있고 음을 '보保'라고 했는데 잘못된 것이다.

【索隱】 上音鱛 下音丈僞反 地名也 漢書作缶 音作保 非也

고조가 돌아오는 길에 패현을 지나다가 패현에서 머물렀다. 패궁沛宮에서① 주연을 베풀고 옛 친구들과 마을의 부로들과 그 자제들을 모두 불러서 마음껏 술을 마시게 하고, 패현 아이 120명을 뽑아서 노래를 가르치게 했다. 술자리를 즐기다가② 고조가 축筑을③ 타고 스스로 노래와 시를 만들어 불렀다.

큰 바람이 일어남이여 구름이 날아오르누나.
위엄을 천하에 더해서 고향으로 돌아왔구나.
어찌하면 맹사猛士(용감한 무사)를 얻어서 사방을 지키랴?

아이들에게 모두 익혀서 따라 부르게 했다. 고조가 이에 자리에서 일어나 춤을 추는데 강개한 감회가 젖어서 눈물이 뚝뚝 떨어졌다.

高祖還歸 過沛 留 置酒沛宮① 悉召故人父老子弟縱酒 發沛中兒得百二十人 教之歌 酒酣② 高祖擊筑③ 自爲歌詩曰 大風起兮雲飛揚 威加海內兮歸故鄉 安得猛士兮守四方 令兒皆和習之 高祖乃起舞 慷慨傷懷 泣數行下

① 沛宮패궁

집해 《괄지지》에는 "패궁沛宮의 옛 땅은 서주徐州 패현沛縣 동남쪽 20리 1보에 있다."고 했다.

【正義】 括地志云 沛宮故地在徐州沛縣東南二十里一步

② 酒酣주감

집해 응소는 "술이 깨지도 않고 취하지도 않은 것을 감酣이라고 했다. 일설에 감酣은 흡족한 것이다."라고 했다.

【集解】 應劭曰 不醒不醉曰酣 一曰酣 洽也

③ 筑축

집해 위소는 "축筑은 옛 악기이며 현弦이 있어서 치고 두드리지는 않는다."라고 했다.

【集解】 韋昭曰 筑 古樂 有弦 擊之不鼓

정의 발음은 '죽竹'이다. 응소는 "모양이 거문고瑟와 같지만 더 크고 머리 부분에 있는 편한 현弦을 대나무로 친다. 그래서 '축筑'이라고 불렀다."고 했다. 안사고는 "지금의 축筑은 모양이 거문고와 같지만 더 작고 목이 가늘다."라고 했다.

【正義】 音竹 應劭云 狀似瑟而大 頭安弦 以竹擊之 故名曰筑 顏師古云 今

筑形似瑟而小 細項

패현의 부형들에게 말했다.

"나그네는 고향을 그리워합니다. 내가 비록 관중에 도읍했지만 만세 후에 내 혼백은 마땅히 패현을 생각하고 즐거워할 것이오. 또한 짐은 패공일 때부터 포악한 역도들을 주벌해서 마침내 천하를 갖게 되었는데 그 패현을[1] 짐의 탕목읍으로 삼아 그 백성들의 부역을 면제해주고 대대로 부역을 있지 않게 할 것이요."

이에 패현의 부형과 제모諸母(여러 백모나 숙모)들과 친구들이 날마다 즐겁게 술을 마시며 지극히 즐거워했으며 옛날이야기를 하면서 웃고 즐겼다. 십여 일 후 고조가 가려고 하자 패현의 부형들이 진실로 고조가 머물기를 청했다. 고조가 말했다.

"내 종자從者들이 너무 많아서 부형들이 그 식량을 공급하지 못할 것이오."

이에 떠나갔다.

謂沛父兄曰 游子悲故鄉 吾雖都關中 萬歲後吾魂魄猶樂思沛 且朕自沛公以誅暴逆 遂有天下 其以沛[1]爲朕湯沐邑 復其民 世世無有所與 沛父兄諸母故人日樂飲極驩 道舊故爲笑樂 十餘日 高祖欲去 沛父兄固請留高祖 高祖曰 吾人衆多 父兄不能給 乃去

① 其以沛기이패

집해 《풍속통의風俗通義》에는 "《한서주漢書注》에 패沛 땅 사람들은 처음 발성發聲할 때 모두 '기其'라고 말한다. 기其는 초楚나라 말이다. 고조高祖가 처음 제위帝位에 올라서 교령敎令을 내릴 때 '기其'를 말하자 후에는 상례가 되었을 뿐이다."라고 했다.

【集解】 風俗通義曰 漢書注 沛人語初發聲皆言 其 其者 楚言也 高祖始登位 教令言 其 後以爲常耳

패현 안이 텅 비었는데 백성이 모두 읍의 서쪽으로 선물을 바치러[1] 갔기 때문이다. 고조가 다시 머물렀는데 장막을 치고[2] 사흘 간 술을 마셨다. 현의 부형들이 모두 머리를 조아리면서 말했다.

"패현은 다행히 부역을 면제 받았으나 풍읍은 면제 받지 못했으니 오직 폐하께서 애처로이 가련하게 여겨 주십시오."

고조가 말했다.

"풍읍은 내가 낳고 자랐으므로 절대 잊을 수 없을 뿐입니다. 나는 다만 옹치雍齒가[3] 예전에 나를 반대하고 위魏나라를 위했기 때문이요."

패현의 부형들이 굳게 청하자 풍읍도 아울러 부역을 면제해서 패현과 같게 했다. 그리고 패후沛侯 유비劉濞를[4] 제수하여 오왕으로 삼았다.

沛中空縣皆之邑西獻① 高祖復留止 張②飲三日 沛父兄皆頓首曰 沛

幸得復 豐未復 唯陛下哀憐之 高祖曰 豐吾所生長 極不忘耳 吾特爲

其以雍齒③ 故反我爲魏 沛父兄固請 乃并復豐 比沛 於是拜沛侯劉

濞④爲吳王

① 獻헌

집해 여순如淳은 "소와 술을 올리러 간 것이다."라고 했다.

【集解】 如淳曰 獻牛酒

② 張장

집해 장안은 "장張은 유장帷帳(휘장과 장막)이다."라고 했다.

【集解】 張晏曰 張 帷帳

정의 張의 발음은 '쟝[張亮反]'이다.

【正義】 音張亮反

③ 雍齒옹치

옹치雍齒(?~서기전 192년)는 패현의 세족 출신으로서 유방이 처음 봉기했을 때 따랐던 인물이다. 유방은 옹치에게 풍읍을 지키라고 명했는데 옹치는 위魏나라 주시周市에게 투항해서 유방을 곤경에 빠뜨렸다. 후에 다시 유방에게 투항했다.

④ 潷비

집해 복건은 "潷는 발음이 '피帔'다."라고 했다.
【集解】 服虔曰 潷音帔

한나라의 장수들은 따로 경포의 군사들을 도수洮水의① 남북 쪽에서 공격해 모두 크게 쳐부수고는 경포를 추격해 파양鄱陽에서 참수했다.
번쾌는 따로 군사를 거느리고 대代를 평정하고는 진희를 당성當城에서② 처형했다.
漢將別擊布軍洮水①南北 皆大破之 追得斬布鄱陽
樊噲別將兵定代 斬陳豨當城②

---

① 洮水도수

집해 서광은 "조洮는 '도道'로 발음한다. 강수江水와 회수淮水 사이에 있다."고 했다.

【集解】 徐廣曰 洮音道 在江淮閒

② 當城당성

색은 대代의 현縣 이름이다.

【索隱】 代之縣名也

정의 《괄지지》에는 "당성當城은 삭주朔州 정양현定襄縣 경계에 있다."
고 했다. 《토지십삼주기土地十三州記》에는 "당성當城은 고류高柳 동쪽 80
리에 있다. 현縣은 상산常山에 해당하므로 당성當城이다."라고 했다.

【正義】 括地志云 當城在朔州定襄縣界 土地十三州記云 當城在高柳東
八十里 縣當常山 故曰當城

11월, 고조는 스스로 경포의 군사를 토벌하고 장안에 이르렀다.

12월, 고조가 말했다.

"진시황제, 초楚의 은왕隱王,[①] 진섭陳涉, 위魏의 안희왕,[②] 제齊의 민왕,[③] 조趙의 도양왕은[④] 모두 끊어져서 후사가 없다. 나는 무덤을 지키는 자에게는 각각 10가家를 주고, 진황제의 무덤을 지키는 자에게는 20가家를, 위공자 무기無忌의 무덤을 지키는 자에게는 5가家를 주겠다."

十一月 高祖自布軍至長安 十二月 高祖曰 秦始皇帝 楚隱王[①]陳涉 魏安釐王[②] 齊緡王[③] 趙悼襄王[④]皆絶無後 予守冢各十家 秦皇帝二十家 魏公子無忌五家

① 楚隱王초은왕

색은　계가系家에는 '유왕幽王'으로 되어 있는데 이름은 택擇이고 부추負芻의 형이라고 했다.

【索隱】 系家作 幽王 名擇 負芻之兄

② 魏安釐王위안희왕

색은　역사서에는 이름이 빠졌다. 소왕昭王의 아들이자 왕가王假의 할아버지이다.

【索隱】 史闕名 昭王之子 王假之祖也

③ 齊緡王 제민왕

색은　이름은 지地로서 선왕宣王의 아들이고 왕건王建이 할아버지祖
이다.
【索隱】　名地 宣王子 王建祖

④ 悼襄王 도양왕

색은　이름은 언偃으로서 효성왕孝成王 단丹의 아들이고 유왕幽王 천
遷의 아버지이다.
【索隱】　名偃 孝成王丹之子 幽王遷之父也

또 대 땅의 관리와 백성들 중 진희를 위했던 자들을 사면해 주고 조리에게 겁박당했던 자들도 모두 사면시켰다. 진희의 항장降將(항복한 장수)이 진희가 반역할 때 연왕 노관이 진희의 처소로 사람을 보내 몰래 모의했다고 말했다. 주상이 벽양후辟陽侯(심이기)를① 시켜 노관을 맞이하게 했지만 노관은 병을 핑계대고 오지 않았다. 벽양후가 돌아와서 노관에게 반역한 단서가 있다고 갖추어 보고했다. 2월, 번쾌와 주발에게 군사를 이끌고 연왕 노관을 공격하게 했다. 연나라의 관리와 백성 중에서 반란에 가담한 자들은 사면시켰다. 황자 유건劉建을 세워 연왕으로 삼았다.②

赦代地吏民爲陳豨 趙利所劫掠者 皆赦之 陳豨降將言豨反時 燕王盧綰使人之豨所 與陰謀 上使辟陽侯①迎綰 綰稱病 辟陽侯歸 具言綰反有端矣 二月 使樊噲 周勃將兵擊燕王綰 赦燕吏民與反者 立皇子建爲燕王②

① 辟陽侯벽양후

정의 벽양후는 심이기審食其이다. 《괄지지》에는 "벽양辟陽 고성은 기주冀州 신도현新都縣 서쪽 35리에 있는데 한漢나라의 옛 현이다."라고 했다.

【正義】 審食其也 括地志云 辟陽故城在冀州信都縣西三十五里 漢舊縣

고조가 경포를 공격할 때 날아오는 화살을 맞아서 행군 도중에 병에 걸렸다. 병이 심해지자 여후가 명의를 맞아들였는데, 의원이 들어가서 배알하자 고조가 의원하게 물었다. 의원이 답했다.

"병을 치료할 수가 있습니다."

이에 고조가 업신여기면서 꾸짖었다.

"나는 포의布衣(평민)로써 3척三尺의 칼을 가지고 천하를 취했는데 이것이 천명이 아니겠느냐? 운명은 하늘에 있으니 비록 편작 扁鵲이라도① 어찌 고치겠느냐?"

마침내 병을 치료하라고 시키지 않고 황금 50근을 주어서 물러가게 했다.

高祖擊布時 爲流矢所中 行道病 病甚 呂后迎良醫 醫入見 高祖問醫 醫曰 病可治 於是高祖嫚罵之曰 吾以布衣提三尺劍取天下 此非天命乎 命乃在天 雖扁鵲①何益 遂不使治病 賜金五十斤罷之

① 扁鵲편작

신주 전국시대의 명의로서 원래 성은 진秦이고 이름은 완緩이다. 주周나라 안왕安王 원년元年(서기전 401) 경 발해군의 정국鄭國 출신이다. 지금의 산동성 장청현長淸縣 남쪽 노국盧國에서 살았기에 노의盧醫로도 불린다. 괵나라 태자가 시궐尸厥이라는 병에 걸렸을 때 소생시킨 것과 제환공의 안색만으로 병의 원인을 알아낸 일화가 유명하다. 편작의

사적은 서기전 7세기부터 전하고 있어서 편작이라는 이름에는 여러 명의 명의들이 흡수된 것으로 보인다. 그의 저작으로 알려진 《난경難經》은 현재 후세 사람의 위작으로 보고 있다.

한참 뒤에 여후가 물었다.

"폐하의 백년 뒤에[①] 소상국蕭相國(소하)이 죽으면 누가 명령을 대신해야 합니까?"

주상이 대답했다.

"조참曹參이 할 것이오."

그 다음을 물으니 주상이 대답했다.

"왕릉王陵이 할 것이오. 그러나 왕릉은 조금 어리석으니 진평이 돕는 것이 좋을 것이요. 진평은 지혜가 남지만 혼자 맡기는 어렵소. 주발周勃은 중후하지만 학문이 적소. 그러나 유씨劉氏(한 왕조)를 편안하게 할 자는 반드시 주발일 것이니 태위로 삼을 만하오."

여후가 다시 그 다음을 묻자 고조가 말했다.

"이후의 일은 또한 알 바가 아니오."

已而呂后問 陛下百歲後[①] 蕭相國卽死 令誰代之 上曰 曹參可 問其次 上曰 王陵可 然陵少憨 陳平可以助之 陳平智有餘 然難以獨任 周勃重厚少文 然安劉氏者必勃也 可令爲太尉 呂后復問其次 上曰 此後亦非而所知也

① 百歳後백세후

백세 후란 죽은 후를 뜻하는 말인데, 황제의 죽음을 입에 올릴 수가 없어서 이런 표현을 쓴 것이다.

노관이 수천 명의 기병과 함께 변방의 요새 아래에서 거하면서 엿보고 다행히 고조의 병이 나으면 스스로 들어가서 사죄하려 했다.

盧綰與數千騎居塞下候伺 幸上病愈自入謝

4월, 갑진일에 고조가 장락궁에서 붕어했다.① 나흘이 지났는데도 발상하지 않았다. 여후와 심이기가 모의하면서 말했다.

"여러 장수들이 예전에는 폐하와 함께 평민의 호적에 올랐던 백성이었는데 지금은 북면하는 신하가 되었으니 항상 마음에 불만을 품고 있소. 지금 어린 군주를 섬겨야 하는데 이들의 가족을 다 없애지 않는다면 천하가 불안할 것이오."

四月甲辰 高祖崩①長樂宮 四日不發喪 呂后與審食其謀曰 諸將與帝 爲編戶民 今北面爲臣 此常怏怏 今乃事少主 非盡族是 天下不安

① 高祖崩고조붕

집해 황보밀皇甫謐은 "고조高祖는 진秦나라 소왕昭王 51년(서기전 256)에 출생해서 한漢나라 12년(서기전 195)까지 이르렀는데 62세이며 이 해에 붕어했다."라고 했다.

【集解】 皇甫謐曰 高祖以秦昭王五十一年生 至漢十二年 年六十二

어떤 사람이 이 이야기를 듣고 역酈장군에게[①] 말했다. 역장군이 심이기를 만나러 가서 말했다.

"내가 듣기에 황제께서 이미 붕어하신지 나흘이 되었는데도 발상하지 않고 여러 장수를 죽이려 한다 하오. 진실로 이렇다면 천하는 위태로워질 것이오. 진평과 관영이 십만 군사를 이끌고 형양滎陽을 지키고 있고, 번쾌와 주발이 이십만 군을 거느리고 연燕과 대代를 평정하고 있는데 이들이 황제가 붕어하자 여러 장수를 다 죽이려 한다는 소식을 들으면 반드시 군사들을 연합해서 되돌아와 관중을 공격할 것이오. 대신들이 안에서 모반하고 제후들이 밖에서 반란을 일으키면 망하는 것은 발꿈치를 들고 서서 기다리는 것이오."

심이기가 입궁해서 여후에게 말을 전하자 곧장 정미일에 발상을 하고 천하에 대사령을 내렸다.

人或聞之 語酈將軍 酈將軍[①]往見審食其 曰 吾聞帝已崩 四日不發喪 欲誅諸將 誠如此 天下危矣 陳平 灌嬰將十萬守滎陽 樊噲 周勃將二十萬定燕 代 此聞帝崩 諸將皆誅 必連兵還鄉以攻關中 大臣內叛諸侯外反 亡可翹足而待也 審食其入言之 乃以丁未發喪 大赦天下

① 酈將軍역장군

집해 《한서》에는 역상酈商이라고 했다.

【集解】 漢書曰酈商

> 노관은 고조가 붕어했다는 말을 듣고 드디어 흉노로 망명해 들
> 어갔다.[1]
>
> **盧綰聞高祖崩 遂亡入匈奴**[1]

① 盧綰聞高祖崩遂亡入匈奴노관문고조붕수망입흉노

신주 노관이 흉노로 들어가자 그 휘하의 위만이 조선으로 망명해
조선의 서쪽 땅에 거주했다.

병인일에 장례를 치렀다.[①] 기사일에 태자를 세워서[②] 태상황묘에 이르렀다.[③] 여러 신하들이 다 말했다.

"고조께서는 미세한 데서 일어나셔서 난세를 다스려 바른 데로 돌아오게 하시고 천하를 평정하셔서 한 태조가 되셨으니 공이 가장 높으셨습니다."

주상의 존호를 고황제高皇帝로 했다. 태자가 황제의 호칭을 계승해서 효혜제孝惠帝가 되었다. 군국郡國의 제후들에게 각자 고조의 묘廟를 세워서 매년 계절마다 제사를 지내게 했다.

丙寅 葬[①] 己巳 立太子[②] 至太上皇廟[③] 羣臣皆曰 高祖起微細 撥亂世 反之正 平定天下 爲漢太祖 功最高 上尊號爲高皇帝 太子襲號爲皇 帝 孝惠帝也 令郡國諸侯各立高祖廟 以歲時祠

① 丙寅葬병인장

집해　서광徐廣은 5월이라고 했다.

【集解】　徐廣曰 五月

신주　정미일丁未日은 하력夏曆(하나라 력)으로 4월 28일이고, 병인일丙寅日은 하력으로 5월 17일이다.

② 己巳立太子기사립태자

정의 병인丙寅에 장사를 치르고 4일 뒤인 기사己巳일에 이르러 태자를 황제로 세웠다. 어떤 책에는 '기己' 자를 없애고 망령되게도《한서》를 인용해 '이하已下'라고 일렀는데 틀린 것이다.

【正義】 丙寅葬 後四日至己巳 即立太子爲帝 有本脫己字者 妄引漢書云 已下者 非

③ 太上皇廟태상황묘

정의 〈삼보황도三輔黃圖〉에는 "태상황묘太上皇廟는 장안성長安城 향실香室 남쪽, 풍익부馮翊府 북쪽에 있다."고 했다.《괄지지》에는 "한漢나라 태상황묘는 옹주雍州 장안현 서북쪽 장안長安 고성 안 주지酒池의 북쪽으로 고제묘高帝廟의 북쪽에 있다. 고제묘高帝廟 또한 고성 안에 있다."고 했다.

【正義】 三輔黃圖云 太上皇廟在長安城香室南 馮翊府北 括地志云 漢太上皇廟在雍州長安縣西北長安故城中酒池之北 高帝廟北 高帝廟亦在故城中也

효혜제 5년(서기전 190) 고조가 패현을 그리워하고 즐긴 것을 생각해서 패궁을 고조원묘高祖原廟로[1] 삼게 했다. 또 고조가 노래를 가르쳤던 120명의 아이들에게 모두 노래를 부르고 연주하게 했는데 뒤에 결원이 생기면 늘 보충했다.

及孝惠五年 思高祖之悲樂沛 以沛宮爲高祖原廟[1] 高祖所教歌兒百二十人 皆令爲吹樂 後有缺 輒補之

① 高祖原廟고조원묘

집해 서광은 "〈광무기光武紀〉에 광무제가 풍豐으로 행차해 고조를 원묘原廟에 제사했다."라고 했다. 배인이 상고해보니 '원原'자는 재再자이다. 앞서 이미 묘廟를 세우고 지금 또 다시 세웠다. 그래서 원묘原廟라고 이른다고 했다.

【集解】 徐廣曰 光武紀云 上幸豐 祠高祖於原廟 駰案 謂原者 再也 先既已立廟 今又再立 故謂之原廟

고제高帝는 8명의 아들을 두었다. 장남은 서출인 제 도혜왕 비肥이고, 다음이 효혜제孝惠帝로서 여후呂后의 아들이다. 다음은 척부인戚夫人의 아들 조은왕 여의如意이다. 다음이 대왕 항恒인데 효혜제의 뒤를 이어 효문제孝文帝가 되었으며 박태후薄太后의 아들이다. 다음이 양왕 회恢인데 여태후가 정권을 잡았을 때 조공왕으로 옮겼다. 다음이 회양왕 우友인데 여태후 때 조유왕으로 옮겼다. 다음은 회남려왕淮南厲王 장長이고, 다음은 연왕 건建이다.

高帝八男 長庶齊悼惠王肥 次孝惠 呂后子 次戚夫人子趙隱王如意 次代王恆 已立爲孝文帝 薄太后子 次梁王恢 呂太后時徙爲趙共王 次淮陽王友 呂太后時徙爲趙幽王 次淮南厲王長 次燕王建

태사공은 말한다.

"하夏나라의 정치는 정성스러웠다[忠]. 충忠의 폐단으로 소인들은 예절이 없었다.① 그래서 은殷나라 사람들은 공경함을 받들었다. 공경함의 폐단으로 소인들은 귀신을 섬겼다.② 그래서 주周나라 사람들은 문文을 계승했다. 문의 폐단으로 소인들은 성의가 없었다.③ 그래서 무성의한 것을 구하는 데는 정성스러움忠만한 것이 없었다.④"

太史公曰 夏之政忠 忠之敝 小人以野① 故殷人承之以敬 敬之敝 小人以鬼② 故周人承之以文 文之敝 小人以僿③ 故救僿莫若以忠④

① 忠之敝小人以野충지폐소인이야

집해 정현은 "충忠은 질박하고 두터운 것質厚이다. 야野는 예절이 적은 것이다."라고 했다.

【集解】 鄭玄曰 忠 質厚也 野 少禮節也

② 敬之敝小人以鬼경지폐소인이귀

집해 정현은 "위의威儀가 많아서 귀신을 섬기는 것과 같다."고 했다.

【集解】 鄭玄曰 多威儀 如事鬼神

동이족 국가 은殷나라는 하늘과 신을 섬겼던 일종의 신정神政 국가였다.

③ 文之敝小人以僿문지폐소인이사

서광은 "다른 본에는 '박薄'으로 되어 있다."고 했다. 배인이 상고해보니 《사기음은史記音隱》에는 '僿'는 발음이 '시[西志反]'이다. 라고 했다. 정현은 "문文은 존비尊卑가 차이가 있는 것이다. 박薄은 구차하게 문법文法이나 익혀서 정성이 없는 것이다."라고 했다.

【集解】 徐廣曰 一作薄 駰案 史記音隱曰 僿音西志反 鄭玄曰 文 尊卑之差也 薄 苟習文法 無悃誠也

정현은 발음이 '새[先代反]'라고 했는데, 추탄생의 책에는 '박薄'이라 하고 '박[扶各反]'으로 발음한다고 했다. 다른 판본에는 '새僿'로 되어 있다. 그러나 서광은 다른 판본에는 '박薄'으로 되어 있는데 이 판본은 서로 같지 않다고 했다. 그러나 이 말은 본래 '자사자子思子'에서 나왔는데 지금 《예표기禮表記》에는 '박薄'으로 되어 있다. 그래서 정현이 주석注하기를, '문文은 존비가 차이가 있는 것이다. 박薄은 구차하게 문법이나 익혀서 정성이 없는 것이다.'라고 한 것이다. 나 배인은 또 《사기음은音隱》을 인용해서 "새僿는 발음이 '시[先志反]'라고 했는데, 시僿와 새塞는 소리가 서로 가까운 까닭이다. 대개 새僿는 박薄과 뜻이 같은 것이다.

【索隱】 鄭音先代反 鄒本作 薄 音扶各反 本一作 僿 而徐廣云一作薄 是本

互不同也 然此語本出子思子 見今禮表記 作薄 故鄭玄注云 文 尊卑之差也
薄 苟習文法 不悃誠也 裴又引音隱云 僙音先志反 僙塞聲相近故也 蓋僙猶
薄之義也

④ 救僙莫若以忠구새막약이충

집해　정현은 "다시 처음으로 돌아간 것이다[復反始]."라고 했다.
【集解】 鄭玄曰 復反始

> "삼왕三王의 도道는 순환하는 것과 같아서 끝나면 처음으로 되
> 돌아간다. 주周나라에서 진秦나라까지는 문文의 폐단이라고 이
> 를 수 있다. 진나라 정치는 병폐를 고치지 않고 도리어 가혹한
> 형벌을 사용했으니 어찌 그릇된 것이 아니겠는가? 그래서 한나
> 라가 일어나 전대의 병폐를 계승했지만 그를 변화시킴으로써 사
> 람들을 고달프지 않게 했으니 하늘의 법통을 얻은 것이다. 매년
> 10월에 입경해서 조회하게 했다. 수레와 의복을 황색으로 하고
> 수레 왼쪽에 쇠꼬리로 만든 기纛를 매달았다. 장릉長陵에① 장사
> 지냈다."
> 三王之道若循環 終而復始 周秦之閒 可謂文敝矣 秦政不改 反酷刑
> 法豈不繆乎 故漢興 承敝易變 使人不倦 得天統矣 朝以十月 車服黃
> 屋左纛 葬長陵①

① 長陵장릉

황보밀은 "장릉長陵의 봉분은 동서의 넓이가 120보이고 높이는 13장十三丈이며 위수渭水 북쪽에 있고 장안성과는 거리가 35리이다."라고 했다.

【集解】 皇甫謐曰 長陵山東西廣百二十步 高十三丈 在渭水北 去長安城三十五里

정의 《괄지지》에는 "장릉長陵은 옹주雍州 함양현 동쪽 35리에 있다."고 했다.

【正義】 括地志云 長陵在雍州咸陽縣東三十里

신주 한고조 유방과 그 황후 여치呂雉의 묘는 섬서성 함양시咸陽市 위성구渭城區 정양진正陽鎮 모롱촌毛庞村에 있는데 장산長山, 장릉산長陵山이라고도 칭한다. 능원陵園은 방형으로서 남북 길이 885미터, 동서 넓이 816미터이다. 고조릉은 서쪽에, 여후릉은 동남쪽에 있다. 능원 동쪽에는 배장묘 63기가 있는데 소하蕭何, 조참曹參, 주발周勃, 척부인戚夫人 등을 모셨다. 1965년 한 배장묘에서 300여 기의 작은 채색 병마용兵馬俑이 출토되기도 했는데, 2001년과 2005년에 장릉이 도굴되기도 했다.

색은술찬 사마정이 펼쳐서 밝히다.
고조가 처음 일어날 때, 역도役徒의 안에서부터 시작했다. 사상泗上에서부터 연설하고, 곧 패공沛公이라 불렀다. 호걸들에게 소리쳐 명하고,

잘난 영웅들에게 분기를 떨쳤다. 붉은 기가 구름처럼 탕碭에 빽빽하고, 혼령들에게 제사하여 풍豐에서 고했다. 용으로 변하자 별들이 모이고, 뱀이 잘리자 길은 뚫렸다. 항씨가 명령을 주관하자 약속을 어기고 공을 저버렸다. 왕은 파촉巴蜀에서 주려서 실로 마음속에 분기를 품었다. 삼진三秦을 물리치고 나서 오군五軍은 마침내 동쪽에 닿았다. 범수汜水에서 즉위하고 함양咸陽에 궁을 쌓았다. 위엄이 사해에 더해지고 (고향으로) 돌아와 대풍大風을 노래했다.

【索隱述贊】 高祖初起 始自徒中 言從泗上 卽號沛公 嘯命豪傑 奮發材雄 彤雲鬱碭 素靈告豐 龍變星聚 蛇分徑空 項氏主命 負約棄功 王我巴蜀 實憤于衷 三秦旣北 五兵逐東 汜水卽位 咸陽築宮 威加四海 還歌大風